Christian Roth

Tiergestützte Förderung der exekutiven Funktionen hyperkinetischer Kinder

Christian Roth

Tiergestützte Förderung der exekutiven Funktionen hyperkinetischer Kinder

Ergebnisse einer sonderpädagogischen Einzelfallstudie

Tectum Verlag

Christian Roth

Tiergestützte Förderung der exekutiven Funktionen hyperkinetischer Kinder. Ergebnisse einer sonderpädagogischen Einzelfallstudie

ISBN: 978-3-8288-4057-7

eBook: 978-3-8288-6899-1

Printed in Germany

Besuchen Sie uns im Internet
www.tectum-verlag.de

Bibliografische Informationen der Deutschen Nationalbibliothek
Die Deutsche Nationalbibliothek verzeichnet diese Publikation in der Deutschen Nationalbibliografie; detaillierte bibliografische Angaben sind im Internet über http://dnb.ddb.de abrufbar.

1 Einleitung

Auf ein zufälliges Ereignis, das sich im Jahr 1961 in der Praxis des Kinderpsychiaters Boris Levinson zugetragen hat, ist die ursprüngliche Idee zurückzuführen, Hunde in der pädagogischen und therapeutischen Arbeit gezielt einzusetzen. Der Professor für Psychologie und Sozialwissenschaften arbeitete sehr erfolgreich mit autistischen Kindern. Während seiner therapeutischen Sitzungen wurde sein Hund, Jingles, stets aus dem Behandlungszimmer herausgeführt. Es ergab sich nun, dass einer seiner autistischen Kinderpatienten mit seinen Eltern eine Stunde zu früh zu einem vereinbarten Termin erschienen war. Jingles befand sich noch im Behandlungszimmer, als die Eltern mit ihrem Sohn eintraten. Der Hund stand ohne zu zögern auf, um das Kind freudig zu begrüßen. Der Junge begann mit Jingles Kontakt aufzunehmen, er redete und spielte mit ihm. Nach Absprache mit den Eltern nahm der Hund nun an künftigen Therapiesitzungen mit dem Jungen teil. Levinson gelang es dann über den Hund als Medium, dass der autistische Junge in Kommunikation mit anderen Menschen trat. Der Kinderpsychiater erkannte das Wirkpotential, welches sich durch seinen Hund im therapeutischen Prozess entfaltete, und er setzte seinen Hund gezielt als „therapeutisches Mittel" in seinen Therapiesitzungen mit anderen Kindern ein. Seine Arbeiten auf diesem Gebiet fasste er in einem Buch (Pet-Oriented Child Psychology, Springfield 1969) zum Thema „Kinder und Tiere in der Therapie" zusammen und empfahl u.a., dass Familien mit psychisch auffälligen Kindern einen Hund in die Familie integrieren sollten, er sprach dabei vom Hund als therapeutisches Mittel im Alltag.

Heute gehört der professionelle Einsatz von Tieren in unterschiedlichen sozialen, pädagogischen und therapeutischen Arbeitsfeldern in vielen Ländern, insbesondere in den Vereinigten Staaten von Amerika, aber auch in Österreich und der Schweiz, zur gängigen Praxis. Die positive, fördernde und oftmals tatsächlich heilsame Wirkung von Tieren auf Menschen mit Beeinträchtigungen und Störungen steht in diesen Ländern außer Frage. Auch in Deutschland fristen Tiergestützte Interventionen kein Schattendasein mehr, sondern finden schon seit Jahren immer mehr Beachtung (vgl. Vernooij & Schneider, 2010). Allgemein können mit Hilfe Tiergestützter Interventionen positive Auswirkungen auf das psychische, physische und soziale Wohlbefinden von Kindern erzielt werden. Sozioökonomische Messungen bestätigen grundsätzlich den Einfluss von Tieren, insbesondere von Hunden, auf die Gesundheit von Menschen (vgl. Prothmann, 2012; Beetz, 2012). Neue Forschungsarbeiten auf dem Gebiet der Tiergestützten Therapie und Pädagogik mit unterschiedlichen Untersuchungsgegenständen erscheint dringend erforderlich, kommt dem Einsatz von therapeutischen und pädagogischen Begleithunden doch eine erfolgsversprechende Funktion bei der Arbeit mit external verhaltensgestörten Kindern zu. Bestehende Studien lassen darauf schließen, dass der Einsatz von Tieren in der Therapie aufmerksamkeitsgestörter und/oder verhaltensauffälliger Kinder ein großes Potential innehat (vgl. Prothmann, 2012).

In der vorliegenden Arbeit wird nach Durchführung eines entwickelten Tiergestützten Trainingsprogramms mit verschiedenen Messinstrumenten versucht mögliche Effekte im häuslichen, schulischen sowie klinischen bzw. pädagogischen Bereich (Trainings- und Testsituation) in drei Einzelfällen nachzuweisen. Dabei soll folgende übergeordnete Forschungsfrage beantwortet werden: Welche Wirkungen können sich nach Durchführung eines kognitiven Trainings mit pädagogisch-therapeutischen Begleithunden auf die exekutiven Funktionen bei Kindern mit hyperkinetischen Störungen ergeben?

Die ersten drei Kapitel sollen einen Überblick über die Grundlagen Tiergestützter Interventionen, das Konstrukt der exekutiven Funktionen sowie die hyperkinetische Verhaltensstörung geben. Im 2. Kapitel werden die Möglichkeiten der Tiergestützten Arbeit und deren Wirkpotential erörtert. Des Weiteren werden Forschungsergebnisse Tiergestützter Interventionen sowie Metaanalysen vorgestellt und interpretiert. Im 3. Kapitel werden die exekutiven Funktionen beschrieben und die relevanten Subkomponenten für die im praktischen Teil zu formulierenden Hypothesen herausgearbeitet. Im 4. Kapitel der theoretischen Grundlagen wird die hyperkinetische Störung beschrieben und definiert, auf Kernsymptome und deren Erscheinungsmerkmale eingegangen, sowie Subtypen vorgestellt. Des Weiteren werden Ursachen und begünstigende Faktoren, Begleit- und Folgesymptome sowie Defizite der exekutiven Funktionen hyperkinetischer Kinder beschrieben. Mit Darstellung der Prävalenzraten, Interventions-möglichkeiten und Förder- und Einflussmöglichkeiten mit Hilfe von Begleithunden endet das Kapitel. Im 5. Kapitel wird das Forschungsprojekt vorgestellt. Das Kapitel beinhaltet im Einzelnen den Ansatz und die Ziele des Forschungsvorhabens, eine detaillierte Darstellung des Studiendesigns und des Prozesses der Probandenauswahl von der Zielgruppenbestimmung bis zum Erstgespräch. Im 6. Kapitel werden die Ergebnisse dreier Probanden gegenübergestellt und weitere Schlussfolgerungen gezogen. Das 7. Kapitel beinhaltet eine Zusammenfassung und Stellungnahme zu den gewonnen Erkenntnisse, sowie einen Ausblick auf weiterführende Studien Tiergestützter Interventionen zur Förderung exekutiver Funktionen hyperkinetischer Kinder.

2 Tiergestützte Interventionen

In Deutschland gibt es keine hauptberuflichen Sonderpädagogen, Pädagogen oder Therapeuten für Tiergestützte Interventionen. Personen aus diesen Berufsgruppen beziehen aus Interesse Tiere in pädagogische oder therapeutische Settings mit ein (vgl. Vernooij & Schneider, 2010). Um bei solchen Settings die Entwicklung von Kindern zielgerichtet unterstützen zu können, sollten Sonderpädagogen beim Einsatz eines Begleithundes eine theoriegeleitete Vorgehensweise wählen. Dazu gehört das Wissen über die Formen und Ziele von Tiergestützten Interventionen, Typen und Voraussetzungen von Begleithunden sowie die Kommunikation und Interaktion zwischen Mensch und Tier. Außerdem bedarf es weiterer Kenntnisse über die Mensch-Tier-Beziehung, Einwirkungsbereiche, Einwirkungsmöglichkeiten sowie über Wirksamkeitsstudien Tiergestützter Interventionen.

2.1 Definitionen und begriffliche Abgrenzungen

Im folgenden Abschnitt werden die in der Literatur verwendeten Begriffe bzw. Formen Tiergestützter Interventionen sowie die Ziele der einzelnen Formen benannt und beschrieben. Darüber hinaus wird für den sonderpädagogischen Bereich eine Definition hergeleitet und eine Zielformulierung vorgenommen.

2.1.1 Tiergestützte Aktivität

> „Unter Tiergestützter Aktivität sind Interventionen im Zusammenhang mit Tieren zu verstehen, welche die Möglichkeiten bieten, erzieherische, rehabilitative und soziale Prozesse zu unterstützen und das Wohlbefinden von Menschen zu verbessern.“ (Vernooij & Schneider, 2010, S. 34)

Der Begriff „Wohlbefinden“ bezeichnet sowohl die Zielrichtung als auch das Resultat der Tiergestützten Aktivität. Dabei muss bedacht werden, dass im Augenblick der Aktivität nur bestimmte emotionale Äußerungen sowie Verhaltensweisen beobachtbar und damit dokumentierbar sind. Zu den Tiergestützten Aktivitäten gehört u.a. der so genannte Tierbesuchsdienst für Alten-, Pflege-, oder Kinderheime, der in der Regel von ehrenamtlichen Personen durchgeführt wird (vgl. Vernooij & Schneider, 2010).

2.1.2 Tiergestützte Pädagogik

> „Unter Tiergestützter Pädagogik werden Interventionen im Zusammenhang mit Tieren subsumiert, welche auf der Basis konkreter, klienten-/ kindorientierter Zielvorgaben Lernprozesse initiieren, durch die schwerpunktmäßig die

> emotionale und die soziale Kompetenz des Kindes verbessert werden soll.“ (Vernooij & Schneider, 2010, S. 41)

Mit Hilfe der Tiergestützten Pädagogik sollen sozial-emotionale Lernprozesse initiiert und unterstützt werden. Sie wird von Experten im pädagogisch-sonderpädagogischen Bereich unter Einbezug eines Tieres durchgeführt, welches für den Einsatz speziell trainiert wurde (vgl. Vernooij & Schneider, 2010).

Unter den Oberbegriff der Tiergestützten Pädagogik fallen zwei weitere Formen. Dazu gehört zum einen die Tiergestützte Didaktik. Darunter versteht man den Einsatz von Tieren in Schulen, Förderschulen oder sonstigen schulischen Einrichtungen (vgl. Vernooij & Schneider, 2010). Bei der anderen Form handelt es sich um die Tiergestützte Förderung (TGF). „Unter Tiergestützter Förderung sind Interventionen im Zusammenhang mit Tieren zu verstehen, welche auf der Basis eines (individuellen) Förderplans vorhandene Ressourcen des Kindes stärken und unzulänglich ausgebildete Fähigkeiten verbessern sollen.“ (Vernooij & Schneider, 2010, S. 37) Ziel ist, dass Kinder über die Tiergestützte Förderung ihre Ressourcen, Fähigkeiten und Potentiale (wieder)erkennen. Die Tiergestützte Förderung wird von Sozial- und Sonderpädagogen sowie von Ergotherapeuten durchgeführt, die die notwendige Kompetenz im Umgang mit dem eingesetzten Tier mitbringen (vgl. Vernooij & Schneider, 2010).

Eine weitere Definition, die für die vorliegende Arbeit als bedeutsam angesehen werden kann, lautet:

> „Tiergestützte Pädagogik (Animal-Assisted Education, AAE) kann von Pädagogen mit einem Basiswissen über die eingesetzte Tierart durchgeführt werden. In einem sonder- oder heilpädagogischen Kontext hat die Tiergestützte Pädagogik häufig auch einen zielorientierten, therapeutischen Charakter.“ (Julius et al., 2014, S. 68)

Die Definition lässt erkennen, dass es sich bei der Tiergestützten Pädagogik allgemein und bei der „Tiergestützten Sonderpädagogik“ auch um Interventionen mit therapeutischem Charakter handeln kann. Diese Definition stellt einen wesentlichen Grundpfeiler des entwickelten Förderprogramms dar, welches u.a. eine therapeutische Zielrichtung verfolgt.

2.1.3 Tiergestützte Therapie

> „Unter Tiergestützter Therapie werden zielgerichtete Interventionen im Zusammenhang mit Tieren subsumiert, welche auf der Basis einer sorgfältigen Situations- und Problemanalyse sowohl das Therapieziel als auch den Therapieplan unter Einbezug eines Tieres festlegen. Sie sind auf eine gezielte Einwirkung auf bestimmte Leistungs- und/oder Persönlichkeitsbereiche oder auf die umfassende Be- und Verarbeitung von konfliktreichem Erleben ausgerichtet.“ (Vernooij & Schneider, 2010, S. 44)

Ziel der Tiergestützten Therapie ist die Stärkung und Verbesserung der Lebensgestaltungskompetenz des Klienten. Dabei steht die Verhaltens-, Erlebnis- und Konfliktbearbeitung unter Einbeziehung eines spezifisch trainierten Tieres im Vordergrund. Therapeutisch qualifizierte Personen beziehen das Tier als integralen Bestandteil in das Therapiekonzept mit ein (vgl. Vernooij & Schneider, 2010).

Ergänzend wird eine weitere Definition der European Society for Animal Assisted Therapy (ESAAT) (2011) herangezogen:

> „Tiergestützte Therapie umfasst bewusst geplante pädagogische, psychologische und sozialintegrative Angebote mit Tieren für Kinder, Jugendliche, Erwachsene wie ältere Menschen mit kognitiven, sozial-emotionalen und motorischen Einschränkungen und Verhaltensstörungen. Sie beinhaltet auch gesundheitsfördernde, präventive und rehabilitive Maßnahmen."

2.1.4 Tiergestützte Sonderpädagogik

Der Begriff „Tiergestützte Sonderpädagogik" wird in der Fachliteratur namentlich nicht erwähnt. Die publizierenden Autoren auf dem Gebiet der Tiergestützten Interventionen verorten sonderpädagogisch-tiergestützte Interventionen zum einen in dem Bereich der Tiergestützten Therapie und zum anderen im Bereich der Tiergestützten Pädagogik. Die vorliegenden Definitionen der einzelnen Formen Tiergestützter Interventionen zeigen außerdem auf, dass in einem tiergestützten-kognitiven Trainingsprogramm für aufmerksamkeitsgestörte Kinder definitorische Teilausschnitte aus dem tiergestützten-pädagogischen sowie tiergestützten-therapeutischen Bereich enthalten sind. Aufgrund dessen scheint es angebracht eine spezifische Definition für die Sonderpädagogik her- bzw. abzuleiten, die im speziellen auf den sonderpädagogischen Bereich lern- und verhaltensbeeinträchtigter Kinder bezogen werden soll:

„Tiergestützte Sonderpädagogik kann als pädagogisch-therapeutische Förderung für Kinder und Jugendliche mit besonderem Förderbedarf angesehen werden. Die auf Förderung kognitiver, sozialer und/oder emotionaler Fähigkeiten und Fertigkeiten der Klienten ausgerichteten Maßnahmen, können in verschiedenen Sozialformen durchgeführt werden. Sonderpädagogische Fachkräfte beziehen ein geeignetes Tier als integralen Bestandteil in eine kindzentriert ausgerichtete Fördermaßnahme mit ein."

Neben einer spezifischen Ausrichtung auf den sonderpädagogischen Bereich, besteht die Möglichkeit mit Hilfe dieser Definition eine Eingrenzung der Zielgruppe, eine Festlegung der Gruppengröße vorzunehmen sowie eine Aussage über die Ausrichtung einer Fördermaßnahme treffen zu können. Die Ziele der Maßnahmen können dabei auf die Förderung einzelner sowie aller genannten Fähigkeits- und Fertigkeitsbereiche ausgerichtet werden.

Angelehnt an Vernooij & Schneider (2010) kann das Ziel der Tiergestützten Sonderpädagogik in der Stärkung und Verbesserung der Lebensgestaltungs-kompetenz, in der Verhaltens-bearbeitung und/oder in der Förderung von Ressourcen, Fähigkeiten, Fertigkeiten und Potentialen bestehen. Die von der European Society for Animal Assisted Therapy (ESSAT) (2011) spezifisch formulierten Ziele orientieren sich ausgehend von der jeweiligen Indikations-stellung an den Bedürfnissen, Ressourcen und am Störungsbild sowie dem Förderbedarf des jeweiligen Klienten.

2.2 Pädagogisch-therapeutische Begleithunde

Zu den allgemeinen Wesens- und Leistungsmerkmalen von Begleithunden gehören Freundlichkeit und Interesse an Menschen und Artgenossen, ein geringes Territorialverhalten, ein niedriges Aggressionspotential, eine große innere Sicherheit, ein hohes Maß an Sensibilität und eine gute Kommandosicherheit (vgl. Zähner, 2003).

2.2.1 Prägung von Begleithunden

Im Zeitraum der Prägungsphase sollte der Hund mit möglichst vielen unterschiedlichen Reizen aus dem Alltag konfrontiert werden. Darüber hinaus ist eine gute Prägung auf den Menschen wichtig, um das Tier auf die spätere Arbeit als Begleithund vorzubereiten (vgl. Greiffenhagen & Buck-Werner, 2011). In den ersten acht Lebenswochen sollte der Hund den Menschen als eine andere Erscheinungsform von Artgenossen kennen lernen. Diese Prägungsphase (1.-7. Lebenswoche) ist für die künftige charakterliche Entwicklung des Hundes als entscheidend anzusehen (vgl. Trumler, 1996).

> „Korrekturen an seiner »inneren Haltung« dem Menschen gegenüber werden später kaum mehr möglich sein.“ (Greiffenhagen & Buck-Werner, 2011, S. 245).

So sollte dem Hund die spielerische Kontaktaufnahme zu vielen Menschen ermöglicht werden. Die Bedingungen für die Prägung eines angehenden sonderpädagogischen bzw. pädagogischen Begleithundes sind offensichtlich als optimal anzusehen, wenn das Tier vom Welpenalter an die Möglichkeit hat, Kontakt mit vielen Kindern verschiedener Altersstufen aufzunehmen. Je nach künftigem Einsatzgebiet des Begleithundes ist die Prägung auf Kinder mit externalen oder internalen Störungen entscheidend. So kann sich der junge Hund frühzeitig auf jegliche

Art von Geräuschen, emotionalen Zuständen, Bewegungs- und Verhaltensmustern der betroffenen Kinder einstellen und angemessene Reaktionen erlernen.

2.2.2 Typen von Begleithunden

Vor dem geplanten Einsatz eines pädagogisch-therapeutischen Begleithundes, sollte der Hundehalter eine grundlegende Entscheidung darüber treffen, welcher Typ von Begleithund zum Einsatz kommen und welche Voraussetzungen er mitbringen sollte. Der Rheinlandpfälzische Sozialverband VdK unterscheidet zwischen dem aktiven und reaktiven Begleithund. Der aktive Begleithund bringt eigene Spielideen mit ein und motiviert durch seinen hohen Aufforderungscharakter. Er bringt dem Klienten z.B. einen Ball oder ein anderes Spielzeug und fordert ihn auf, den Gegenstand zu werfen. Der reaktive Begleithund reagiert hingegen auf die Spielideen des Klienten und spiegelt dessen Befindlichkeiten wieder. Er verfügt über ein sehr hohes Einfühlungsvermögen, sucht die Nähe des Kindes und nimmt Körperkontakt auf. Welcher Typ von Begleithund in den pädagogisch-therapeutischen Prozess grundsätzlich involviert werden sollte, hängt u.a. davon ab, um welches Störungsbild es sich handelt und welches Förderziel verfolgt wird. Jeder Hund hat eine Disposition, die das Tier dazu befähigt entweder ein aktiver oder reaktiver Begleithund zu werden. Ein ruhiger und ausgeglichener Hund eignet sich für die Ausbildung zum reaktiven Begleithund. Ein aufmerksamer und spielfreudiger Hund eignet sich dagegen für die Ausbildung zum aktiven Begleithund.

Bei entsprechendem Training ist es denkbar, dass Begleithunde in Förderprogrammen sowohl aktive wie reaktive Verhaltensweisen zeigen. Von einem solchen „Mischtyp" kann ausgegangen werden, wenn der Hund in der Lage ist zu entscheiden, welche Verhaltensweise in welcher Situation angebracht zu sein scheint. Hunde sind grundsätzlich in der Lage Situationen richtig einzuschätzen. Die Fähigkeit verschiedenartige Situationen noch besser einschätzen und das erwünschte Verhalten zeigen zu können, kann mit dem Tier vor dem Einsatz gezielt trainiert werden.

2.2.3 Voraussetzungen von Begleithunden und Hundeführern

Damit ein Begleithund das notwendige Verhaltensrepertoire für das vorgesehene Einsatzgebiet erlernt, kann eine Ausbildung zum Therapiebegleithund durchgeführt werden. Denkbar ist der Besuch einer speziellen Ausbildungsstätte, falls das Tier nicht vom Hundeführer selbst ausgebildet werden kann. Prothmann (2012) sowie Greiffenhagen & Buck-Werner (2011) schlagen eine Wesensprüfung im Welpenalter und im Junghundalter eine spezielle Ausbildung zum Begleithund vor, um das Tier zielgerichtet auf sein Einsatzgebiet im pädagogischen oder therapeutischen Bereich vorzubereiten. Andere Autoren stehen einer Ausbildung zum Begleithund skeptisch gegenüber, da sie dazu führen kann, dass der Hund weniger instinktiv handelt.

Der Hundeführer sollte gewisse Führungsqualitäten besitzen, wie z.B. Klarheit, Souveränität, Vertrauenswürdigkeit und Entschlossenheit. Des Weiteren sollte er über Kenntnisse der Anatomie und Physiologie des Hundes verfügen und Grundwissen auf den Gebieten der Ernährung, artgerechter Haltung und Pflege haben. Letztendlich ist eine zielorientierte pädagogisch-therapeutische Arbeit mit einem Hund nur dann möglich, wenn der Hundhalter das Tier sehr gut kennt, sich regelmäßig mit ihm beschäftigt und es im therapeutischen Setting entsprechend seinen Fähigkeiten einzusetzen weiß (vgl. Endenburg, 2003). Der Hundeführer sollte u.a. in der Lage sein, sein eigenes Verhalten kritisch in dessen Wirkung auf den Hund überprüfen zu können (vgl. Greiffenhagen & Buck-Werner, 2011), außerdem sollte zwischen dem Hundeführer und dem Hund eine tragfähige Beziehung mit funktionalen Kommunikationskanälen bestehen.

Weitere wichtige Voraussetzungen sind ein angemessener Versicherungsschutz sowie die Überwachung des gesundheitlichen Zustands des Hundes. Die Versicherungsgesellschaft sollte über den Einsatz des Hundes im therapeutischen oder pädagogischen Bereich informiert werden (vgl. Prothmann, 2012). Einige Versicherungen bieten hierzu einen Zusatztarif zur Absicherung vor unvorhersehbare Risiken während des Begleithundeeinsatzes an. Nach Rücksprache mit einem Tierarzt sind die Intervalle für Impfungen sowie für die Verabreichung von Wurmkuren vor dem ersten Einsatz des Hundes zu berücksichtigen.

2.3 Kommunikation und Beziehung zwischen Mensch und Hund

Eine grundlegende Voraussetzung für den erfolgreichen Einsatz eines Begleithundes ist eine stabile Mensch-Tier-Beziehung, die zwischen den Beteiligten im Förderprozess und dem Hund u.a. über ein eindeutiges Kommunikationssystem aufgebaut wird. Die gemeinsame Evolution von Mensch und Hund sind vermutlich der Grund dafür, dass sie miteinander kommunizieren können und Menschen emotionale Beziehungen zu Hunden aufnehmen. Durch das Teilen des Lebensraums von Mensch und Hund wurden gemeinsame kommunikative Fertigkeiten entwickelt, die dazu führen, dass Hunde menschliche Gestik und Mimik sogar besser deuten können als Primaten (vgl. Sorpini et al., 2001 in Prothmann, 2005).

2.3.1 Digitale und analoge Kommunikation

Ganz offenbar verstehen Menschen genug von der Sprache der Hunde, und Hunde verstehen genug von der Menschensprache, um miteinander in Beziehung treten zu können. Aber welche menschlichen Wörter, Symbole und Zeichen verstehen sie und wie kann die Kommunikation mit ihnen gestaltet werden? Für die Beantwortung dieser Frage hilft eine von Watzlawick, Beavon und Jackson (1969) getroffene Unterscheidung weiter, die für die Mensch-Tier-Kommunikation von Bedeutung ist. Dabei handelt es sich um die verbal-digitale und die nonverbal analoge Kommunikation (vgl. Olbrich, 2003).

Bei der digitalen Kommunikation ist die Beziehung zwischen einem Wort und dem damit gemeinten Inhalt nach einer Konvention oft bloß willkürlich festgelegt. Worte werden dann eingesetzt, wenn wir Wissen über Sachverhalte mitteilen (vgl. Olbrich, 2003).

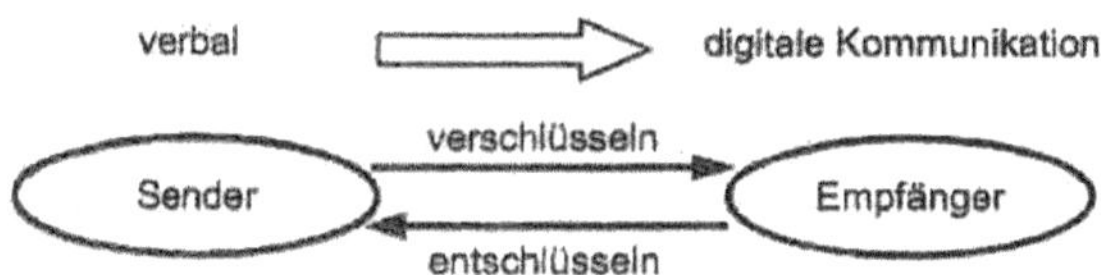

Abb. 1: Verbal-digitale Kommunikation (Prothmann, 2012, S. 37)

Bei der verbalen Kommunikation findet eine Transformation der Nachricht in gesprochenen oder geschriebenen Zeichen statt (Digitalisierung). Der Sender muss in der Lage sein, seine Botschaften zu kodieren, und der Empfänger muss diese enkodieren können. Digitale Kommunikation kann nur stattfinden, wenn Sender und Empfänger dieselbe Sprache sprechen bzw. gelernt haben, was mit welchem Wort und/oder Symbol gemeint ist (vgl. Vernooij & Schneider, 2010). Die digitale Kommunikation ist von daher nur zwischen Menschen möglich.

Die analoge Kommunikation ist hingegen überall und mit jedem Lebewesen möglich. Analoge Kommunikation nutzt die Mimik, Gestik, den Gesichtsausdruck und die Stimmmodulation. Innerhalb zwischenmenschlicher Beziehungen werden vor allem Gefühle und Emotionen über den Kanal der analogen Kommunikation ausgedrückt (vgl. Prothmann, 2005).

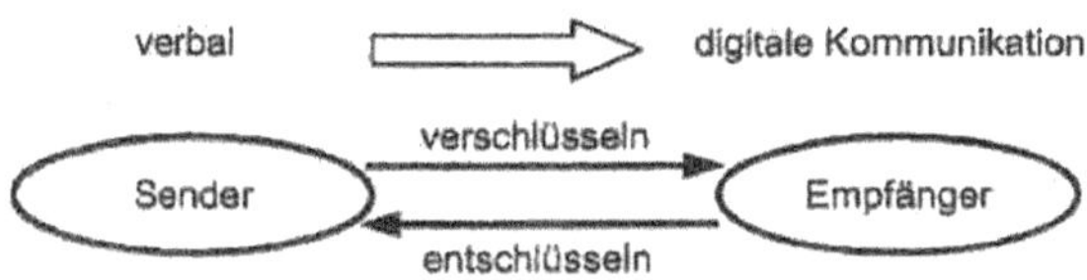

Abb. 2: Nonverbal-analoge Kommunikation (Prothmann, 2012, S. 37)

Die Kommunikation zwischen Mensch und Tier konzentriert sich auf die analoge Kommunikation. Tiere reagieren primär auf die nonverbalen Anteile der Kommunikation. Sie reagieren nicht auf den Sinn der gesprochenen Worte des Menschen, sondern selbst auf kleinste, für den Menschen kaum wahrnehmbare analoge Signale (vgl. Prothmann, 2012). Auch nach Watzlawik (1969) versteht das

Tier offensichtlich nicht die Bedeutung der Worte, sondern zahlreiche Analogiekommunikationen, die im Ton der Sprache und der sie begleitenden Gestik enthalten sind. Tiere nehmen die Stimmungen auf, die innere Befindlichkeit – also all das, was der Mensch gerade fühlt und mit seinem Körper – zum Teil durch subtilste Signale – ausdrückt (vgl. Vernooij & Schneider, 2010). „Die einzelnen Signale werden von Tieren zu komplexen Botschaften kombiniert, welche im sprachwissenschaftlichen Sinn keine Sprache, jedoch ein differenziertes Kommunikationssystem darstellen.“ (Otterstedt, 2001, S. 171) Dabei erfasst der Hund menschliche Kommunikationszeichen innerhalb dieses Systems mit seinen Begriffskapazitäten und Erfahrungen (vgl. Prothmann, 2012).

„In mehreren Experimenten konnte nachgewiesen werden, dass Hunde in der Lage sind, menschliche Zeichen zu verstehen.“ (Prothmann, 2005, S. 12) Ein Hund reagiert aber neben den Zeichen, die der Mensch sendet auch auf akustische Signale. Untersuchungen haben gezeigt, dass der Hund in erster Linie Informationen über den olfaktorischen, dann über den visuellen und an dritter Stelle über den akustischen Kanal aufnimmt (vgl. Prothmann, 2012). Hunde reagieren dabei auf den letzten Buchstaben eines verbalen Kommandos, welches der Mensch erteilt. Wenn der Hund z.B. das Kommando „Sitz“ erhält, so reagiert er auf den Buchstaben „z“ (vgl. Bradshaw, 2012).

Nach Olbrich (2003) ergänzen sich beide Formen der Kommunikation während des Kommunikationsprozesses. Erst die Integration ermöglicht dem Menschen das Erleben von Ganzheitlichkeit. Ein Mensch wird dann als kongruent wahrgenommen, wenn die digitale und die analoge Kommunikation eine Einheit bilden. Die Herstellung der Kongruenz zwischen den beiden Kommunikationsformen kann als Lernziel für den Klienten wichtig sein, aber auch für den Pädagogen bei der Gestaltung des Interventionsprozesses. Ein Tier kann dazu beitragen, dass die Kongruenz innerhalb der Person sowie die Kongruenz in der zwischenmenschlichen Kommunikation verbessert werden. Da Tiere selbst nur über analoge Kommunikationsmöglichkeiten verfügen, kann man davon ausgehen, dass sie in der Regel aufrichtig – im Sinne von kongruent – mit den Menschen kommunizieren.

Die Schaffung eines Bewusstseins für nonverbale Kommunikation ist ein wichtiger Aspekt, der das zukünftige Verhalten des Kindes in zwischenmenschlichen Beziehungen positiv beeinflussen kann. Die Kinder werden sensibler für den nonverbalen Ausdruck ihrer Mitmenschen und lernen darauf adäquat zu reagieren. Durch die analoge Kommunikation mit dem Hund kann z.B. die Mimik, Gestik und Sprache des Klienten verbessert werden (vgl. Prothmann, 2012).

Für eine erfolgreiche Durchführung der Studie kann einer gelingenden Kommunikation zwischen dem Probanden und dem Hund eine zentrale Bedeutung zugeschrieben werden. Die Förderziele des Tiergestützten Trainingsprogramms können vermutlich nur erreicht werden, wenn die Kommunikationsarbeit zwischen Kind und Hund insbesondere in der Funktion als Lernbegleiter auf einer tragfähigen Beziehungsebene stehen, die im Verlauf des Förderprozesses aufgebaut werden soll.

2.3.2 Inhalts- und Beziehungsebene

Neben der verbalen und nonverbalen Kommunikation unterscheidet Watzlawik et al. (1969) zwischen dem Inhalts- und Beziehungsaspekt. Der Inhaltsaspekt vermittelt die Daten, der Beziehungsaspekt weist an, wie diese Daten aufzufassen sind. „Während die verbale Kommunikation Informationen vorwiegend auf der Sach- bzw. Inhaltsebene vermittelt, spricht die nonverbale Kommunikation eher die subjektiv-emotionale, die Beziehungsebene an." (Vernooij & Schneider, 2010, S. 16) Die sensiblen unmittelbaren Reaktionen eines Hundes ermutigen das Kind, sich auf das Tier einzulassen, sich ihm zuzuwenden und eine Beziehung zu ihm aufzubauen (vgl. Vernooij & Schneider, 2010). Ein Hund begegnet Menschen dabei vorbehaltlos, ohne eine kritische Haltung und Vorverurteilung (vgl. Prothmann, 2005).

2.3.3 Beziehungsdreieck und -gestaltung im sonderpädagogischen Förderprozess

Die Beziehungsebene stellt ein wichtiges Element erfolgreicher Fördermaß-nahmen dar. Bei der Tiergestützten Interventionen ist nach der Beziehungsebene zwischen dem Pädagogen und dem Klienten auch die Beziehung zwischen Kind und Hund zu gestalten. Folgende Abbildung zeigt die zu berücksichtigenden Beziehungen im tiergestützten-sonderpädagogische Prozess auf.

Abb. 3: Beziehungsdreieck im tiergestützten-sonderpädagogischen Prozess in Anlehnung an Otterstedt (2003)

Der Hund übernimmt im Verlauf der Fördermaßnahme zum einen die Funktion eines Bindeglieds zwischen dem Pädagogen und dem Kind und trägt zum Aufbau und zur Verbesserung der Beziehung bei. Zum anderen ist auch eine tragfähige

Beziehung zwischen Pädagogen und Begleithund als substanzielle Grundlage anzusehen. Auf Grundlage dieser Beziehung sollte der Pädagoge bei Tiergestützten Interventionen die Beziehung zwischen Kind und Hund aktiv gestalten.

Vernooij & Schneider (2010) teilen die Beziehungsgestaltung zwischen Kind und Hund im Förderprozess in drei Phasen ein:

(a) Anfangsphase

Beim Erstkontakt entsteht mit Hilfe des Hundes eine vertrauensvolle Atmosphäre. Dadurch können „Schwellenängste" abgebaut werden (vgl. Frick-Tanner & Tanner-Frick, 2003). In der Anfangsphase der Intervention ist es wichtig, dass mit dem Kind ein Zeichensatz mit den dazugehörigen Kommandos für die Kommunikation mit dem Hund vereinbart wird. In den ersten Sitzungen sollte versucht werden, einen Kommunikationskonsens zwischen Kind und Hund herzustellen. Wenn sich der Hund z.B. stets an Kinder kuschelt und gestreichelt werden will, so kann es sein, dass nicht jedes Kind diese „aufdringliche" Art des Hundes respektiert. Umgekehrt kann es auch vorkommen, dass ein Kind provokative oder aggressive Verhaltensweisen gegenüber dem Hund zeigt. Der Therapeut bzw. Pädagoge übernimmt an dieser Stelle eine Vermittlerfunktion und muss dabei ggf. die Spielregeln neu gestalten.

(b) Aufbau- und Konsolidierungsphase

In den weiteren Sitzungen stehen der Beziehungsaufbau und deren Konsolidierung im Vordergrund. Viele Kinder freuen sich, von dem Hund wiedererkannt und freudig begrüßt zu werden. Die Beziehung zwischen Kind und Hund wird zusehends enger, vertrauter und persönlicher. In dieser Phase tritt der Therapeut, in Bezug auf den Kontakt zwischen Kind und Hund, mehr und mehr in den Hintergrund, da das Kind freier, sicherer und mutiger im Umgang mit dem Hund wird. Im Kontakt- und Bindungsverhalten zu dem Tier vermittelt das Kind dem Therapeuten bzw. Pädagogen seine seelische Befindlichkeit und den Stand seiner Persönlichkeitsentwicklung.

(c) Abschiedsphase

Bei bevorstehendem Ende der Intervention sollte der Abschied zwischen Hund und Kind bewusst aufgegriffen werden. Viele Kinder wünschen sich z.B. Fotos des Hundes, der sie im Therapieprozess begleitet hat. Diese Bilder stehen symbolisch für den entwicklungsfördernden Prozess (vgl. Frick-Tanner & Tanner-Frick, 2003).

2.4 Interaktionsformen

Wie im vorangegangenen Kapitel beschrieben, kann ein Verständigungssystem auf der Ebene der Nonverbal-analogen Kommunikation zwischen Mensch und Tier aufgebaut werden. Ein Grundverständnis über die analoge Kommunikation mit dem Begleithund ist dabei eine grundlegende Voraussetzung, um mit ihm in Interaktion treten zu können. Bei der Interaktion finden aufeinander bezogene Handlungen zwischen Subjekten statt, die ein gemeinsames Verständigungs-system besitzen (vgl. Minsel & Roth, 1978). Für den Pädagogen bzw. Therapeuten können darüber hinaus weitere Kenntnisse über die Kind-Hund-Interaktion von Bedeutung sein, um Übungen unter Berücksichtigung der pädagogisch-therapeutischen Zielausrichtung und des Settings durchführen zu können. So ist es z.B. von Bedeutung, dass die einzelnen Interaktionsformen in jeder Therapiesitzung ineinander übergehen bzw. gleichzeitig stattfinden.

2.4.1 Organisationsformen der Interaktion

Auf der Ebene der Situationsorganisation unterscheiden Vernooij & Schneider (2010) drei Organisationsformen: die freie, die gelenkte und die ritualisierte Interaktion.

(a) Bei der freien Interaktion findet die Begegnung zwischen dem Menschen und dem Tier ohne Anweisungen oder extrinsische Steuerung von Seiten des Therapeuten bzw. Pädagogen statt. Es bestehen zwar klare Rahmenvorgaben, und der für das Tier Verantwortliche sollte in jeder Situation über Kontroll- bzw. Unterbrechungsmöglichkeiten verfügen. Die Kind-Hund- Interaktion sollte jedoch so wenig wie möglich beeinflusst werden, da sie dem Pädagogen bzw. Therapeuten einen Eindruck darüber vermitteln soll, wie das Kind auf den Hund reagiert. Die freie Interaktion eignet sich besonders beim Erstkontakt zwischen Kind und Hund.

(b) Die gelenkte Interaktion ist eine absichtsvolle, geplante Handlung mit einer präzisen Zielsetzung. Dadurch ist der Handlungsspielraum für Kind und Hund begrenzt. Die Interaktion wird vom Pädagogen zielführend auf bestimmte Einwirkungsbereiche des Kindes fokussiert und gelenkt. Er sollte dabei spontan und flexibel reagieren, um immer auf die Bedürfnisse des Kindes und auch des Hundes eingehen zu können.

(c) Unter ritualisierter Interaktion versteht man im Zusammenhang mit der Tiergestützten Intervention ein Ritual, etwas Konstantes, Gleichbleibendes oder immer Wiederkehrendes und für die Beteiligten Verlässliches, welches sowohl das Tier als auch das Kind erlernen muss. Mögliche Rituale sind die regelmäßige Fütterung, Fellpflege, Begrüßung oder eine eintrainierte Verhaltenssequenz des Hundes. Die ritualisierte Interaktion bewirkt beim Kind u.a. das Gefühl der Sicherheit, Freude an der bekannten Situation und unter Umständen ein Gefühl von Kompetenz.

Für den praktischen Teil der Arbeit sind alle der genannten Organisationsformen der Interaktion von Bedeutung. Die gelenkte Interaktion kann bei einem pädagogischen Rahmenprogramm mit festen Programmbestandteilen als grundlegende Interaktionsform angesehen werden. Im Trainingsverlauf finden aber auch Wiederholungsübungen statt, die dem Kind die Möglichkeit geben die Interaktion mit dem Hund zu ritualisieren, so kann z.B. das Führen des Hundes ritualisiert werden. Bei solchen Übungen fällt es dem Kind voraussichtlich leichter die Aufmerksamkeit zu fokussieren sowie die Konzentration aufrecht zu erhalten und somit den kognitiven Anforderungen, die sich aus den Aufgabenstellungen ergeben, besser gerecht werden zu können. Um einen positiven „Ausklang" nach jeder Trainingssitzung zu gewährleisten, werden zum Abschluss freie Interaktionssequenzen durchgeführt. Dies soll auch dazu beitragen die Beziehungsebene zwischen Kind und Hund zu stabilisieren, wozu freie Interaktionsprozesse besonders geeignet erscheinen.

2.4.2 Funktionsformen in der Interaktion

Vernooij & Schneider (2010) unterscheiden die wesentlichen vier Funktionen des Tieres im Interventionsprozess, wie folgt:

(a) Das Tier als Objekt für den Kontaktaufbau

In der Kontaktphase kann der Hund z.B. eine Brückenfunktion zwischen Kind und Pädagogen bzw. Therapeuten einnehmen. Wie in der Einleitung der vorliegenden Arbeit beschrieben, nutzte Levinson seinen Hund u.a. als Eisbrecher für die Anbahnung des Kontaktes zwischen Kind und Therapeut.

(b) Das Tier als Motivationsobjekt

In vielen Fällen wirkt der Hund als Motivation und/oder als Verstärkung. Der Pädagoge /Therapeut kann den Hund gezielt als Motivationsobjekt einsetzen, um mit dem Kind bestimmte Verhaltensweisen zu optimieren, Kompetenzen zu verbessern oder individuelle Ressourcen zu aktivieren. Außerdem können sich Auswirkungen auf die Leistungsbereitschaft und die Arbeitseinstellung des Kindes ergeben.

(c) Das Tier als kognitiver Katalysator

Das Tier regt durch seine Anwesenheit zur geistigen Aktivität an und steigert die Motivation und die Bereitschaft, etwas Neues zu lernen. So wird z.B. die Aufmerksamkeit und Konzentration mit Hilfe des Tieres verbessert.

(d) Das Tier als Situations-/Sozialkatalysator

Allein die Gegenwart eines oder mehrerer Tiere wirkt bereits vertrauenerweckend, beruhigend und auch motivierend. Die Beziehung zu anderen anwesenden Menschen ist meist weniger steif und beklemmend für das Kind sein. Gleichzeitig bietet das anwesende Tier die Möglichkeit des Gesprächseinstiegs.

Das Tier übernimmt in den unterschiedlichen Phasen der Fördermaßnahme wechselnde Funktionen. Während der ersten Trainingseinheiten kann das Tier in seiner Funktion als „Objekt für den Kontaktaufbau" dazu beitragen, dass die pädagogische Beziehung zum Kind innerhalb kurzer Zeit aufgebaut werden kann. Julius et al. (2014, S. 190) geben in diesem Zusammenhang an: „Der gesamte Prozess der Etablierung einer sicheren Beziehung zum Pädagogen bzw. Therapeuten verkürzt sich auf etwa ein Viertel der Zeit, die ohne die Assistenz eines Hundes benötigt wird."

2.5 Einwirkungsbereiche und Wirksamkeitsstudien

Um die Wirkungen von Tiergestützten Interventionen auf Menschen in geeigneter Weise darstellen zu können, bietet sich zur Gliederung der Einwirkungsbereiche eine Definition der Gesundheitsorganisation WHO an (vgl. Greiffenhagen & Buck-Werner, 2011). Laut Weltgesundheitsorganisation WHO (1946) wird Gesundheit als:

> „Zustand vollkommenen körperlichen, psychischen und sozialen Wohlbefindens" verstanden.

Sozioökonomische Messungen bestätigen grundsätzlich den meist positiven Einfluss von Tieren, insbesondere von Hunden, auf das gesundheitliche Wohlbefinden des Menschen (vgl. Prothmann, 2012; Beetz, 2012a). Aber wie wirkt sich der Einsatz von Tieren im Allgemeinen und der eines Begleithundes im Speziellen auf die drei von der WHO genannten Bereiche aus?

Um diese Frage zu beantworten, werden die drei genannten Einwirkungsbereiche, die darin enthaltenen Wirkungsfelder sowie Einwirkungsmöglichkeiten, die für die vorliegende Ausarbeitung relevant erscheinen, näher beleuchtet und anhand wissenschaftlicher Forschungsergebnissen belegt. Die Prozesse in den verschiedenen Bereichen stehen im interdependenten Zusammenhang und bilden eine Wirkungseinheit in dem Sinne, dass Veränderungen in einem Bereich sich ebenso auf andere Bereiche auswirken können (vgl. Vernooij & Schneider, 2010).

2.5.1 Wirkungen auf das physische Wohlbefinden

Seit den späten 1970er Jahren ist bekannt und inzwischen vielfach belegt, dass das Zusammenleben mit einem Tier Blutdruck senkend und Kreislauf stabilisierend wirken kann. Ein Zufall führte zu dieser Entdeckung. Die amerikanische Soziologin Erika Friedmann untersuchte die Überlebenschancen von Herzinfarktpatienten nach ihrer Entlassung aus dem Krankenhaus und verfolgte über 12 Monate lang den anschließenden Krankheitsverlauf. Sie stellte fest, dass die Patienten mit einem Haustier signifikant bessere Überlebenschancen hatten als Patienten ohne Haustier (vgl. Greiffenhagen & Buck-Werner, 2011). Insbesondere durch den Kontakt mit einem Hund normalisieren sich Blutdruck und Herzfrequenz und bleiben über einen gewissen Zeitraum konstant. Der Oxytocinspiegel im menschlichen Blut erhöht sich schon beim Anblick und erst recht beim Streicheln eines Hundes (vgl. Störr, 2011). Auswirkungen auf die Herz-Kreislauffunktion sind demnach schon über die reine Präsenz eines Tieres feststellbar und verstärken sich möglicherweise beim Körperkontakt über den taktilen Reiz beim Streicheln des Tieres.

Nach Vernooij & Schneider (2010) ergeben sich weitere Einwirkungsfelder aus dem physischen bzw. physiologischen Einwirkungsbereich, dazu gehören die Motorik und Psychomotorik. Unter Motorik wird gemeinhin die Gesamtheit aller willkürlich kortikal gesteuerten Bewegungsvorgänge verstanden. Diese Bewegungsvorgänge können willentlich beeinflusst und somit erlernt und trainiert werden. Grundlegend ist im Zusammenhang mit dem motorischen Bereich die Entwicklung eines Körperschemas, das heißt, die Entwicklung der räumlichen Vorstellung vom eigenen Körper und seinen Ausmaßen und Teilgliedern. Unter Psychomotorik ist die funktionale Einheit zwischen Psyche und Motorik zu verstehen (vgl. Vernooij & Schneider, 2010). Dabei handelt es sich um eine Verfahrensgruppe, die sich in der Folge der sog. „Psychomotorischen Übungsbehandlung“ nach Kiphard gebildet hat. Dieser Psychomotorik-Begriff unterscheidet sich damit von dem der Motorik-Forschung, wo er vor allem die psychische Regulation motorischer Funktionen bezeichnet (vgl. Seewald, 2003). Fischer (2001) nennt folgende psychomotorischen Förderabsichten, welche die eingangs erwähnten Wechselwirkungen zwischen den Bereichen deutlich werden lassen:

- motorisch-funktionale Qualifikationen (Körperbeherrschung, Auge-Hand Koordination u.a.)
- perzeptiv-kognitive Qualifikationen (Handlungsplanung, Handlungskontrolle u.a.)
- affektiv-soziale Qualifikationen (Bewegungs- und Gestaltungsfreude, Entscheidungsfreude, Risikobereitschaft, Teamfähigkeit, Hilfsbereitschaft u.a.)

Einer der wichtigsten Wirkmechanismen der Psychomotorik besteht darin, den Teufelskreis von motorischen Misserfolgserlebnissen der Kinder zu unterbrechen, indem die Kinder über motorische Erfolgserlebnisse und soziale Anerkennung in eine positive Entwicklungsdynamik geraten (vgl. Seewald, 2003). Alle psychomotorischen Förderabsichten können über die Interaktion mit einem Hund verfolgt werden. Die psychomotorische Aktivierung kann mittels gelenkter Interaktionen mit dem Hund stattfinden. Dies muss vom Pädagogen bzw. Therapeuten durchdacht werden, um den Kindern die Möglichkeit zu eröffnen, ihre Handlungen planen, steuern und abschließend kontrollieren zu können. Bei den Übungen geht es um den Zusammenhang zwischen Gefühlen und Bewegung, sowie um die Förderung der Bewegungsfreudigkeit, der Bewegungskoordination und des Bewegungsrepertoires (vgl. Vernooij & Schneider, 2010).

2.5.2 Wirkungen auf das psychische Wohlbefinden

Die psychologische Stressreduktion durch die Anwesenheit eines Tieres ist schon von mehreren Forschern untersucht worden. Bei ihren Untersuchungen fanden sie u.a. heraus, dass Kinder mit stressreichen Situationen, wie z.B. lautes Vorlesen müssen oder eine Untersuchung beim Arzt, besser umgehen konnten, wenn ein Hund anwesend war (vgl. Prothmann, 2012). Bei der Untersuchung, bei der die Kinder laut vorzulesen hatten, bildeten die Wissenschaftler zwei Gruppen. Die Kinder der ersten Gruppen trafen direkt auf den Versuchsleiter und den Hund, die zweite Gruppe begegnete zunächst nur dem Versuchsleiter und der Hund kam später hinzu. Während des ganzen Versuchs waren die Kinder der ersten Gruppe entspannter als die der zweiten. Der Effekt hielt sogar noch an, nachdem das Tier wieder hinausgeführt worden war. Die zweite Gruppe reagierte zunächst sehr nervös. Erst als der Hund zu ihnen stieß, ließen die Stresssymptome merklich nach, erreichten aber während des Versuchsverlaufs nicht das niedrige Niveau der Kinder der ersten Gruppe, bei denen der Hund von Beginn an anwesend war (vgl. Greiffenhagen & Buck-Werner, 2011). Barker et al. (2005) stellten in diesem Zusammenhang fest, dass bei ihren Probanden der Spiegel des Stresshormons Kortisol nach der Interaktion mit einem Hund niedriger war als nach 20 Minuten Ausruhen (vgl. Beetz, 2012a). Zusammenfassend kann somit gesagt werden, dass durch die Anwesenheit eines Tieres die Befindlichkeit von Klienten in therapeutischen Settings verbessert werden kann. In einer im Jahr 2009 durchgeführten Studie über den Einfluss Tiergestützter Therapie auf das psychische Wohlbefinden von 100 Kindern und Jugendlichen im Alter von 11-19 Jahren, die sich in stationärer Psychotherapie befanden, wurde u.a. festgestellt, dass es bei den Personen der Gruppe, die im Verlauf der Studie Kontakt zu einem Hund hatten, zu einer hochsignifikanten Steigerung der positiven Befindlichkeit während der stationären Behandlung kam (vgl. Prothmann, 2009).

Weitere Felder, auf die in der Tiergestützten Intervention gezielt eingewirkt werden kann, sind die der Selbstwirksamkeit und die der Kognition. Nach Aronson et al. (2004) ist Selbstwirksamkeit die Überzeugung, dass es im Bereich der eigenen Möglichkeiten bzw. Fähigkeiten liegt, bestimmte Handlungen auszuführen, die zum gewünschten Ergebnis führen. Die wichtigsten kognitiven Prozesse sind dabei die Erwartungen bezüglich Situationen, Handlungen, Ergebnissen und Folgen. Die Ziele eines Selbstwirksamkeitstrainings sind z.B. die Förderung des Durchhaltevermögens, der Anstrengung sowie der Motivation für eine Aufgabe (vgl. Lubitz, 2010). Beim Training mit dem Hund lernt das Kind, dass es Kontrolle über seine Umwelt und sich selbst hat. Kinder erfahren in diesen Momenten Selbst-wirksamkeit. Sie sehen unmittelbar, dass sie mit gelernten Verhaltensweisen gegenüber dem Hund etwas auslösen und dass sie darauf aktiv Einfluss nehmen können. Vielleicht erhalten sie dafür sogar Bewunderung und Anerkennung in einer Gruppe, was wieder eine Wechselwirkung zwischen dem sozialen und psychischen Bereich aufzeigt (vgl. Vernooij & Schneider, 2010).

2.5.3 Wirkungen auf das soziale Wohlbefinden

Eine weitere Einwirkungsmöglichkeit ergibt sich auf die Soziabilität, die das soziale Wohlbefinden beeinflusst. Der Begriff Soziabilität umfasst alle jene Eigenschaften und Verhaltensweisen, die ein auf die Gemeinschaft bezogenes, angemessenes Handeln ermöglichen. Der Grad der Soziabilität wird deutlich im Sozialverhalten des Kindes (vgl. Vernooij & Schneider, 2010). Das bedeutet, dass eine Gruppe davon profitiert, wenn einige bzw. alle Personen über ein höchstmögliches Ausmaß an Soziabilität verfügen. Angemessenes Handeln in der Gruppe steigert das soziale Wohlbefinden jedes einzelnen Gruppenmitglieds und stärkt auch den Gruppenzusammenhalt. Die individuell verschieden stark ausgeprägte Tendenz, angemessenes Sozialverhalten zu zeigen, führt dazu, dass die Förderung der Soziabilität als Lernziel verfolgt werden sollte (vgl. Vernooij & Schneider, 2010).

Das Verhalten des Kindes gegenüber dem Tier überträgt sich nachweislich auch auf das Verhalten unter den Gruppenmitgliedern. In einer mit Unterstützung der Universität Wien durchgeführten Studie zum Thema „Tiere in der Schule“ (2002) konnte in diesem Zusammenhang festgestellt werden, dass im Klassenverband u.a. die Rücksichtnahme und soziale Kompetenz durch Hunde aufgebaut werden konnten. Außerdem konnten ruhige, unbeteiligte Schüler besser in die Klassengemeinschaft integriert werden (vgl. Agsten, 2009). Neben den Beziehungen unter den Schülern werden auch die Beziehungen zwischen Schülern und Lehrern positiv beeinflusst, der zwischenmenschliche Umgang ist bei der Anwesenheit von Tieren durch mehr Kooperation und Freundlichkeit gekennzeichnet (vgl. Schwarzkopf & Olbrich, 2003). Die Forschungsgruppe „Tiere in Pädagogik integrieren" (TiPi) von der Universität Köln (2005) kam nach einer Befragung zu dem Ergebnis, dass der Einsatz von Tieren in schulischen Institutionen u.a. dazu führen kann, dass die Schulmotivation zunimmt, eine entspannte Lernatmosphäre herrscht und dass Regeln und Disziplin besser eingehalten werden.

2.6 Metaanalysen über die Wirksamkeit

Eine Metaanalyse ist eine „statistische Reanalyse von Untersuchungen zu einem bestimmten Gegenstand, um die Aussagekraft zu überprüfen bzw. zu bündeln." (Rogers, 1985 in Fröhlich, 1997, S. 275)

Im Folgenden werden zwei Metaanalysen vorgestellt, die sich auf die Wirksamkeit von Maßnahmen der Tiergestützten Therapie beziehen. Mit der ersten Metaanalyse von Nimer & Lundahl (2007), zwei Forscher der Universität von Utah, wurden drei Ziele verfolgt:

(a) Ermittlung des durchschnittlichen Effektes der Tiergestützten Therapie.

(b) Untersuchung der Stabilität des Effektes.

(c) Bewertung des Einflusses der Variabilität in der Durchführung der Therapie und/oder der Eigenschaften der Teilnehmer auf diesen Effekt.

Unter Einbezug von insgesamt 250 Studien erfüllten 49 die Einschlusskriterien und wurden zur Beantwortung der Forschungsfragen verwendet. Zu den abhängigen Variablen zählten u.a. die Erhöhung von positiven sozialen Interaktions- und fein- oder grobmotorischen Fähigkeiten, erhöhte Kommunikation, Koordination, emotionale Befindlichkeit, Aggression und Einhalten von Regeln. Zu den unabhängigen Variablen gehörten das Alter, der Problemtyp, die Vergleichsgruppe, der Ort der Behandlung, die Tierart, die Therapieart und die Therapielänge. Die Effektgrößen wurden nach Cohen berechnet, wobei Werte um 0.80 als groß, Werte um 0.50 als mittel und Werte um 0.20 als klein, aber noch signifikant, gelten. Mit Hilfe einer bivariaten Korrelation wurde geprüft, wie stark der Zusammenhang zwischen Strenge (Rigor-Ratings) und Effektgröße ist. Dafür wurden die abhängigen Variablen in folgende Kategorien eingeteilt: Auswirkungen auf das Wohlbefinden, das Verhalten und die Gesundheit (vgl. Nimmer & Lundahl,

2007). Die für diese Arbeit relevanten Informationen werden in folgender Tabelle aufgezeigt:

	Wohlbefinden			Verhalten			Gesundheit		
	d	CI	k	d	CI	k	d	CI	k
Alter									
11 Jahre und jünger	0,58	0,28-0,89	5	0,57	0,16-0,99	3	0,82	0,47-1,17	4
12 bis 17 Jahre	0,17	-0,30-0,66	2	0,34	-0,15-0,82	2	0,47	-0,52-1,46	1
Tierart									
Hund	0,49	0,36-0,61	15	0,39	0,19-0,58	1	0,57	0,14-1,01	3
Pferd	0,26	-0,05-0,56	5	0,42	0,03-0,83	3	0,82	0,15-1,48	2
Therapieart									
Gruppentherapie	0,34	0,22-0,47	13	0,54	0,38-0,70	1	0,20	-0,51-0,93	1
Einzeltherapie	0,55	0,35-0,74	11	0,45	0,13-0,77	5	0,44	0,15-0,74	6
Kombination	0,21	-0,24-0,85	2	0,58	-0,01-1,17	1	1,09	0,46-1,73	1

Tab. 1: Statistische Daten der Metaanalyse über Wirkungen Tiergestützer Therapie (Auszug aus Nimmer & Lundahl, 2007, S. 235)

Aus der Tabelle geht hervor, dass sich bei Kindern bis zum 11. Lebensjahr eine mittlere bis hohe Effektgröße in allen Kategorien ergibt. Bei Kindern und Jugendlichen vom 12. bis 17. Lebensjahr sind die Effektgrößen niedriger. Daraus lässt sich schließen, dass Tiergestützte Interventionen bei Kindern bis zum 11. Lebensjahr im Vergleich zu älteren besonders effektiv sind. Außerdem ist der Einsatz eines Hundes im Vergleich zum Einsatz eines Pferd in der Kategorie Wohlbefinden als wirksamer anzusehen. In Einzeltherapien ergeben sich in allen Kategorien durchgehend signifikant positive Effekte, auf das Verhalten der Klienten bezogen mit einer mittleren Effektgröße. Die beiden Forscher kommen zu dem Schluss, dass die Tiergestützte Therapie für alle oder zumindest die meisten Klienten in verschiedenen Settings hilfreich sein kann (vgl. Nimmer & Lundahl, 2007).

In der zweiten Metaanalyse von Mansfeld (2003) wurden die potentiellen Wirkfaktoren der Tiergestützten Therapie untersucht. Das Ziel dieser Forschungsarbeit war es festzustellen, ob aufgrund einer eingehenden Untersuchung der Primärliteratur zum Thema geschlossen werden kann, dass Tiergestützte Therapie zu positiven Veränderungen in einer oder mehreren psychologischen und/oder physiologischen Variablen führt (vgl. Mansfeld, 2003). Von insgesamt 109 einschlägigen Studien wurden 55 Studien, welche die Einschlusskriterien erfüllten, der statistischen Metaanalyse unterzogen. Dabei ging es u.a. darum, die Korrelationen zwischen der Tiergestützten Therapie und der Stresssymptomatik bzw. Befindlichkeit in Stresssituationen sowie der schulischen und sozialen Fähigkeiten festzustellen. Bei der Verbesserung der Stresssymptomatik sowie der Befindlichkeit stellt die Forscherin einen mittleren Zusammenhang (r=0.37) fest. Außerdem wies sie nach, dass es zwischen der Tiergestützten Therapie und der Verbesserung der schulischen und intellektuellen Fähigkeiten von Menschen einen hoch signifikanten Zusammenhang (r=0.56) gibt. Die sozialen Fähigkeiten und Eigenschaften stehen ebenfalls in einem mittleren Zusammenhang (r=0.42) mit der Tiergestützten Therapie (vgl. Mansfeld, 2003).

Auch wenn in den beiden vorgestellten Metaanalysen nicht nur spezielle Studien über hyperkinetische Kinder in der Tiergestützten Arbeit erfasst wurden, lässt sich anhand der Ergebnisse die allgemeine Wirksamkeit Tiergestützter Interventionen belegen. Außerdem lassen sich einige der Ergebnisse nutzen, um die Einschlusskriterien für potentielle Probanden zu formulieren (vgl. Kap. 5.4.2).

2.7 Erhebungsverfahren zur Wirksamkeitsmessung

Grundsätzlich werden zur Erfassung der Wirksamkeit Tiergestützter Interventionen zwei Erhebungsverfahren verwendet: die Beobachtung und die Befragung. Beide Verfahren können nach ihrer qualitativen oder quantitativen Ausrichtung und nach dem Grad ihrer Standardisierung unterschieden werden.

2.7.1 Verhaltensbeobachtungen

Es können zwei Arten der Verhaltensbeobachtung eingesetzt werden, die vermittelte und die unvermittelte Beobachtung. Bei der vermittelten Beobachtung ist zwischen Beobachter und den Akteuren ein technisches Medium zwischengeschaltet (z.B. Auswertung von Video-material). Bei der unvermittelten Beobachtung findet die Handlung zeitgleich statt und wird sofort dokumentiert (z.B. Erstellen von Strichlisten während der Beobachtung von Kindern im Freispiel). Die unvermittelte Beobachtung bietet sich an, wenn nur bestimmte Verhaltensweisen beobachtet werden sollen und nicht alle von Interesse sind. Dagegen ist die vermittelte Beobachtung als vorteilhaft anzusehen, wenn Verhaltensweisen mehrmals analysiert werden sollen und der Sachverhalt von mehreren Beurteilern unabhängig voneinander eingeschätzt werden soll. So kann auch eine Aussage über die Reliabilität getroffen werden (vgl. Schütz, 2011).

Viele Untersuchungen in der Tiergestützten Therapie werden auf Video aufgezeichnet, so wie eine von Ettrich & Prothmann (2003) durchgeführte Untersuchung zu interspezifischen Kind-Hund-Interaktionen. Den Kindern wurde ermöglicht, sich mit einem Therapiehund in einem möglichst gleich bleibendem Umfeld (Videoraum) zu beschäftigen, ohne inhaltliche Festlegung für die Begegnung (freie Interaktion). Bei der Auswertung des Videomaterials wurden dann die Spielsituationen, der Körper- und der Verbalkontakt zwischen Kind und Hund in Hinblick auf die Kontaktaufnahme analysiert. Das Forschungsteam kam u.a. zu dem Ergebnis, dass der Hund auf zahlreiche, von den Kindern ausgehende Impulsen reagierte und diese sogar in seinem Verhalten spiegelte. Hatte ein Kind z.B. keine Lust, mit dem Hund zu spielen, und unterbreitete es nur halbherzige Spielangebote, spielte der Hund nicht mehr mit, sondern schlief ein, langweilte sich oder beschäftigte sich selbst (vgl. Ettrich & Prothmann, 2003). Dies zeigt u.a., dass sich das Kind bei der Arbeit mit einem Hund auf die auszuführenden Übungen konzentrieren muss, ansonsten verweigert der Hund ggf. die weitere Zusammenarbeit.

2.7.2 Befragungen

Befragungen zielen auf Auswertung der subjektiven Sicht von Probanden. Wissenschaftliche Befragungen folgen einer zielgerichteten, regelorientierten und meist theoriegeleiteten Vorgehensweise und geben die Reihenfolge der Themengebiete vor. Das Ziel diagnostischer Befragungen ist dabei die Erfassung der Perspektive des Individuums. Der Diagnostiker kann den Probanden entweder mündlich oder schriftlich befragen (vgl. Schütz, 2011). Die schriftliche Befragung kann entweder mit standardisierten oder nicht standardisierten Fragebögen durchgeführt werden.

Zur Messung von Wirkeffekten der Tiergestützten Therapie kommt häufig die Baseler Befindlichkeitsskala (BBS, Hobi, 1985), ein standardisierter Fragebogen, zum Einsatz. Die BBS eignet sich für die Messung der momentanen Befindlichkeit und ist für die Gruppen- und Einzelfalldiagnostik geeignet. Es handelt sich im Grunde um ein Selfrating-Verfahren, welches mehrdimensional konzipiert ist. Es ist aber auch eine zusätzliche Anwendung als Fremd-Rating möglich. Die BBS eignet sich insbesondere zum Einsatz in der Verlaufsdiagnostik und kann bei Kindern ab dem 11. Lebensjahr eingesetzt werden. Das Verfahren erfasst vier Subdimensionen: Vitalität (gestärkt - geschwächt), intrapsychischer Gleichgewichtszustand (sicher - unsicher), soziale Extravertiertheit (gesellig - zurückgezogen) und Vigilität (zielstrebig - ablenkbar) (vgl. Hobi, 2004).

In einer Studie der Universität Leipzig wurde jeder Patient vor Beginn und nach Ende einer 30-minütigen Tiergestützten Therapiesitzung gebeten, seine aktuelle Stimmungslage mit der BBS einzuschätzen. Das gleiche Messprotokoll wurde bei den Patienten der Kontrollgruppe verwendet, die ohne Therapiehund behandelt wurden. Folgende Tabelle stellt die Kurzzeiteffekte beider Gruppen gegenüber und zeigt die Veränderung der Gesamtbefindlichkeit vor und nach der Tiergestützten Therapie auf:

Variable	**Messpunkt**	**Mittelwert**	**Standardfehler**	**T-Wert**	**Signifikanz**
		Gruppe 1 (mit Tiergestützter Therapie)			
Befindlichkeit	vor	70,26	1,151		
	nach	78,63	1,120	-9,847	<0.001
		Gruppe 2 (ohne Tiergestützte Therapie)			
Befindlichkeit	vor	65,44	2,713		
	nach	67,18	2,927	-1,005	321

Tab. 2: Änderung der Befindlichkeit vor und nach Tierg. Therapie (Prothmann, 2012, S. 148)

Die Werte in der Tabelle zeigen auf, dass bei Gruppe 1 ein signifikanter Anstieg der Befindlichkeit nach dem Einsatz eines Therapiehundes im Vergleich zur Gruppe 2 zu verzeichnen ist, bei der während der Therapiesitzung kein Therapiehund anwesend war. Bei der 2. Gruppe liegen die Mittelwerte vor und nach der Therapie innerhalb der Fehlertoleranz und lassen somit auf keine Befindlichkeitsverbesserungen schließen.

In einem Pilotprojekt „Konzentrationstraining mit Hund", der Kinder- und Jugendpsychiatrie Aschaffenburg wurden folgende weitere Fragebögen zur Messung der Wirkungseffekte verwendet: Der Angstfragebogen für Schüler (AFS, Wieczerkowski et al., 1981), die Aussagen-Liste zum Selbstwertgefühl für Kinder und Jugendliche (ALS, Schauder, 1996) und das Diagnostik-System für psychische Störungen im Kindes- und Jugendalter nach ICD-10/DSM-IV (DISYPS- KJ, Döpfner & Lehmkuhl, 2000) inklusive dem Fremdbeurteilungsbogen. Eine kurze Beschreibung in Bezug auf die Messkriterien, die Zielgruppe und das Verfahren des jeweiligen Fragebogens findet sich in der folgenden Tabelle:

Test	Messkriterien	Zielgruppe und Verfahren
AFS	Erfassung von Prüfungsangst, allgemeiner (manifester) Angst und Schulunlust	Kinder im Alter von 9 bis 17 Jahren Einzel- und Gruppentestung
ALS	Erfassung von Art und Ausmaß des Selbstwertgefühls in Abhängigkeit von verschiedenen Lebens- und Verhaltensbereichen	Kinder im Alter von 8 bis 15 Jahren Einzel- und Gruppentestung
DISYPS - KJ	Erfassung psychischer Störungen im Kindes- und Jugendalter, in diesem Fall der hyperkinetischen Störung	Kinder im Alter von 11 bis 18 Jahren Einzel- und Gruppentestung

Tab. 3: Instrumente zur Effekterfassung für ein hundintegriertes Konzentrationstraining (vgl. Beetz & Saumweber, 2013)

2.8 Exkurs: Einfluss von Tieren auf die schulische Entwicklung und Schulleistungsstörungen

In einer vom Forschungskreis Heimtiere in der Gesellschaft (Bergler & Hoff, 2006) durchgeführten repräsentativen Untersuchung über die Förderung und Entwicklung leistungsrelevanter Fähigkeiten und Schulkompetenzen bei Kindern durch einen Hund wurden 200 Familien mit und 200 Familien ohne Hund mündlich und schriftlich befragt. Um ein repräsentatives Ergebnis zu gewinnen, konzentrierte sich die Stichprobe speziell auf 13- bis 15-jährige Jungen, die eine bayerische Realschule besuchten. Dabei wurde u.a. untersucht, welchen positiven Einfluss ein Hund auf das Hausaufgabenverhalten, das schulische Leistungsverhalten und Schulprobleme hat. Die methodische Positionierung der Untersuchung erfolgte in dem System der Wechselwirkungen zwischen Familie, Kind, Schule und Heimtier. Die beiden Forscher stellten bei den Kindern, die eine enge Bindung zu ihrem Familienhund hatten, zum einen ein besseres Arbeitsverhaltens und bessere Hausaufgabenresultate im Vergleich zu den Kindern der Kontrollgruppe und den Kindern aus der gleichen Gruppe fest, die keine enge Beziehung zu ihrem Hund hatten. Des Weiteren stellte sich heraus, dass sich eine erhöhte schulische Leistungsbereitschaft und -motivation zeigte sowie eine bessere Bewältigung von Schulproblemen, u.a. aufgrund der Entspannungs- und Beruhigungsmöglichkeiten, die sich nach schulischen Konfliktsituationen durch den Hund ergaben.

Aus der beschriebenen Studie können weitere Forschungsfragen abgeleitet werden, wie z.B. ob sich positive Auswirkungen auf entwicklungsbeeinträchtigte Kinder nach Integration eines Hundes als pädagogisch-therapeutisches Mittel im Alltag ergeben. Allgemein stellt sich dabei die Frage, ob sich ein positiver Einfluss auf das gesamte Wechselwirkungssystem Kind – Familie – Schule durch den Einsatz eines Hundes ergibt und falls ja, welche Wirkungszusammenhänge dafür verantwortlich gemacht werden können.

Aufgrund der Tatsache, dass die häufigste Schulleistungsstörung, die auch am meisten Probleme verursacht, das Lesen betrifft (vgl. Wittchen, 1998), stellt sich auch hier die Frage, inwieweit ein Begleithund Hilfestellung leisten kann, um die Lesekompetenz von Kindern mit einer Lese-/Rechtschreibstörung zu verbessern.

In einer Pilotstudie des Institutes für Tiermedizin der Tufts University in Boston, wurden Veränderungen der Lesefähigkeit, des Wissensstands und der Haltung gegenüber dem Lesen nach dem Lesetraining mit einem Begleithund getestet. Bei der Untersuchung, an der 18 Kinder nach Absolvierung des zweiten Schuljahres teilnahmen, zeigte sich, dass sich bei den Kindern, die einem Hund vorlasen, die Lesefähigkeit, der Wissenstand sowie die Haltung gegenüber dem Lesen leicht verbesserte. Bei den Kindern der Kontrollgruppe, bei denen kein Begleithund zugegen war, konnten dagegen kaum Unterschiede festgestellt werden (vgl. Dawnn et al. in Martin, 2011).

Für leseschwache Kinder oder Kinder mit allgemeinen Leseschwierigkeiten gibt es seit 1999 ein Tiergestütztes Lesetraining mit dem Namen „Reading Education Assistance Dogs“ (R.E.A.D.). In diesem Programm gehen Hundeführer mit ihren ausgebildeten Hunden in Schulen, Kindergärten, Bibliotheken, Jugendeinrichtungen usw., um als Lesepartner für leseschwache Kinder und Jugendliche zu fungieren. Mittlerweile gibt es in den USA 2000 Therapiehundeteams, die für die Leseförderung eingesetzt werden. Basis einer solchen Tiergestützten Leseförderung ist die Reduktion von Stress bei leseschwachen Schülern. Für sie stellt das laute Vorlesen oftmals einen hohen Stressfaktor dar. Viele Kinder haben negative Erfahrungen gemacht, wenn sie z.B. nach lautem Vorlesen vor der Gruppe ausgelacht oder vielleicht vom Lehrer getadelt wurden. Solche Erfahrungen führen zu einer negativen Erwartungshaltung und zur inneren Anspannung. Die Anwesenheit eines Hundes kann dazu beitragen, dass Kinder an solche Situationen entspannter und motivierter herangehen (vgl. Beetz, 2012b).

Das beschriebene Lesetraining ist auch auf Kinder mit einer Lese-/Rechtschreibstörung, speziell auf die Lesestörung, übertragbar, denn der Hund wirkt nachweislich stressmindernd und zum anderen auch motivierend. Die Hunde zeigen sich als hervorragende und geduldige Zuhörer, die ein Kind beim Vorlesen oder Sprechen nicht unterbrechen oder kritisieren (vgl. Prothmann, 2012). Im Gegensatz zum R.E.A.D., bei dem ehrenamtliche Mitarbeiter mit Begleithund zum Einsatz kommen, sollten bei einer gezielten Förderung von Kindern speziell ausgebildete Personengruppen beauftragt werden, wie z.B. Therapeuten, Sonder- und Sozialpädagogen. Nach Erstellung eines individuellen Förder- bzw. Therapieplans können dann spezielle Übungen durchgeführt werden, um den betroffenen Kindern einen neuen Zugang zur Schriftsprache zu ermöglichen. So könnten Begleithunde u.a. bei speziellen Übungen wie z.B. Lauschspielen eingesetzt werden. Außerdem könnten Begleithunde in Anlehnung an die Idee des R.E.A.D. in Erstlesetrainingsprogramme integriert werden. Das zum Einsatz kommende Material sollte stets in Hinblick auf die spezifischen Probleme des jeweiligen Kindes ausgewählt werden. Um konkrete Wirkungen solcher Programme und Übungen auf Kinder mit Lese-/Rechtschreibstörungen nachweisen zu können, bedarf es auf diesem speziellen Gebiet erster Studien.

3 Exekutive Funktionen

In diesem Kapitel werden die exekutiven Funktionen sowie die hypothesenrelevanten Komponenten der exekutiven Funktionen anhand von Modellen beschrieben. Neben Definitionen, Abgrenzungen sowie Funktionsbeschreibungen wird auch auf die Entwicklung der einzelnen Komponenten im Kindesalter eingegangen und Zusammenhänge zwischen den Komponenten der exekutiven Funktionen aufgezeigt.

3.1 Definition und Beschreibung

Exekutive Funktionen sind psychische Prozesse, die der Ausführung von Handlungen unmittelbar vorangehen und/oder sie begleiten (vgl. Döpfner et al., 2007). Sie stellen somit die Grundlage für die Selbstregulationsfähigkeit dar (vgl. Spitzer & Kubesch, 2010). Spitzer et al. (2010) beschreiben sie als bestimmte kognitive Fähigkeiten, die das menschliche Denken und Handeln übergeordnet steuern. „Sie gelten für Menschen als Voraussetzung, sich rasch und erfolgreich an neuartige, unerwartete Situationen in der Umwelt anzupassen. Sie bilden die Grundlage dafür, in nicht routinierten Situationen das Richtige zu tun, gerade wenn kein Verhaltenswissen aus dem Verhaltensrepertoire abrufbar ist, und dienen somit der unmittelbaren und längerfristigen Verhaltensoptimierung." (von Cramon, 2000 in Gwiggner, 2004, S. 6)

3.2 Mehr-Komponenten-Modelle

Das Konstrukt der exekutiven Funktionen wird in der Fachliteratur als eine Zusammensetzung unterschiedlicher Komponenten beschrieben. Die am weitesten verbreiteten sogenannten Mehr-Komponenten-Modelle werden in diesem Abschnitt beschrieben und deren Bedeutung für die praktische und theoretische pädagogisch-therapeutische Arbeit eingeordnet. Außerdem wird auf den Verwendungszweck bzw. auf die Relevanz der Modelle für die vorliegende Arbeit eingegangen.

3.2.1 Drei-Komponenten-Modell

Spitzer & Kubesch (2010) schlagen ein sehr anschauliches Drei-Komponenten-Modell der exekutiven Funktionen vor. Die Autoren unterscheiden folgende Komponenten:

- Das Arbeitsgedächtnis: Es dient als innerer Notizblock bei der Handlungsplanung und -durchführung.

- Die Inhibition: Sie dient als inneres Stopp-Schild bei der Handlungsdurchführung.

- Die kogntive Flexibilität: Sie dient als innerer Wegweiser bei der Handlungsplanung, -steuerung und -kontrolle)

Dieses Modell ist illustrativ und leistet somit einen wesentlichen Beitrag dazu, Verhaltens-weisen von Kindern mit defizitären exekutiven Funktionen während der praktischen Arbeit zuverlässig und schnell zu erkennen und adäquat darauf reagieren zu können. Als theoretisches Modell eignet es sich weniger, da die einzelnen Komponenten stark abstrahiert dargestellt werden und somit wesentliche Details bzw. Subkomponenten keine Berücksichtigung finden.

3.2.2 Vier-Komponenten-Modell

Lezak (1983) schlägt ein prozessuales Modell vor, welches auch als Vier-Ebenen-Modell der exekutiven Funktionen bezeichnet wird:

(1) Zielorientierung: Durch eine Zielsetzung wird die Motivation und Aktivität aufrechterhalten.

(2) Gedanklicher Entwurf: Die Handlungsplanung teilt sich in die Suche nach Alternativen, Entscheidungen und die Gliederung in Zwischenschritte, um einen reibungslosen Ablauf des Plans zu gewährleisten.

(3) Problemlösung: Die Problemlösung gliedert sich in das Erwägen von Alternativen, Entscheidungsfähigkeit, Bedenken von Konsequenzen und das Entwerfen eines Handlungskonzepts.

(4) Handlungsausführung: Um die theoretisch angestellten Überlegungen in eine tatsächliche Handlung umzusetzen, muss das komplexe Verhalten in Gang gesetzt, in geordneter Reihenfolge umgesetzt sowie zum richtigen Zeitpunkt beendet werden.

Das Modell eignet sich weniger für die theoretische Arbeit, da u.a. die Funktionsweisen der Komponenten nicht genau dargestellt werden. Für die praktische Arbeit ist es besonders geeignet um eine Aufbau- und Ablaufplanung von Förderprogrammen konzipieren zu können, da es einen prozessualen Charakter aufweist, der eine genaue Planung des Ablaufs ermöglicht.

3.2.3 Fünf-Komponenten-Modell

Smith & Jonides (1999) schließen in ihrem Fünf-Komponenten-Modell verschiedene Aufmerksamkeitsprozesse explizit mit ein:

(1) Aufmerksamkeit und Inhibition: Relevanten Informationen und Prozessen wird die Aufmerksamkeit gewidmet, irrelevante werden inhibiert.

(2) Aufgabenkoordination: Wechselnde Verlagerung des Aufmerksamkeitsfokus auf verschiedene Aufgaben, um komplexe Aufgaben planen zu können.

(3) Planung: Aufgabenplanung um ein angestrebtes Ziel zu erreichen.

(4) Überwachung: Im Arbeitsgedächtnis bereit gehaltene Inhalte werden überwacht und korrigiert, um eine sequentielle Aufgabe schrittweise lösen zu können.

(5) Kontextkodierung: Die Repräsentationen werden nach Ort und Zeit ihres Auftretens im Arbeitsgedächtnis kodiert.

In diesem Modell stehen die beteiligten Aufmerksamkeitsprozesse im Vordergrund. Es ist sowohl für die praktische als auch für die theoretische Arbeit empfehlenswert, da es einen prozessualen Charakter aufweist und die einzelnen Komponenten hinreichend beschrieben werden.

3.2.4 Sechs-Komponenten-Modell

Drechsler & Steinhausen (2013) teilen in dem diagnostischen Testinstrument Verhaltens-inventar zur Beurteilung exekutiver Funktionen (BRIEF), die exekutiven Funktionen in sechs Komponenten auf:

(1) Inhibition: Hemmung des Verhaltens und Unterbrechung automatisierter Verhaltensmuster.

(2) Arbeitsgedächtnis: Informationen im Arbeitsspeicher halten, manipulieren und erneuern / Bearbeitung von zwei Aufgaben zur gleichen Zeit.

(3) Wechseln und Umstellfähigkeit: Verschiebung des Aufmerksamkeitsfokus und Lösen von einem Denkmuster oder einer Verhaltensroutine.

(4) Initiieren und Initiative: Beginn von Handlungen aus eigenem Antriebe ohne äußeren Auslöser.

(5) Planen und Problemlösen: Ausrichtung von Handlungen auf ein Ziel mit Unterteilung in Schrittfolgen und geordneter Durchführung.

(6) Überprüfen: Überprüfung der eigenen Leistung ggf. mit Anpassung der Arbeitsweise und eigenes Handeln aus einer übergeordneten Perspektive wahrnehmen.

Dieses Modell, welches im diagnostischen Bereich zum Einsatz kommt, stellt das differenzierteste Modell dar. Es konzentriert sich auf die detaillierte Beschreibung der einzelnen Komponenten der exekutiven Funktionen und gewährleistet eine genaue Überprüfung und Feststellung defizitärer Teilbereiche. Die Komponente Arbeitsgedächtnis beinhaltet zusätzlich die geteilte Aufmerksamkeit, die sich auf die parallele Bearbeitung zweier Aufgaben bezieht. Ein Teil der Items aus den Fragebögen des Testinstruments über diese Komponente widmet sich der geteilten Aufmerksamkeit. Die Fremdbeurteilungsbögen des Messinstruments stellen das Kerninstrument im Praxisteil dar.

3.3 Relevante Komponenten zur Hypothesenbildung

Die exekutiven Funktionen sind in einem hohen Maß vom Arbeitsgedächtnis abhängig (vgl. D`Esposito et al., 1998), außerdem bestehen Korrelationen zwischen den exekutiven Funktionen und der Fähigkeit zur selektiven Aufmerksamkeitszuwendung sowie der Reizinhibition (vgl. Jarrold & Towse, 2006; Kane & Engle, 2002). Diese sowie die vorangegangenen Ausführungen, ermöglichen eine Auswahl relevanter Komponenten zur Hypothesenbildung (vgl. Kap. 5). So werden die Komponenten: Arbeitsgedächtnis, Aufmerksamkeit und Inhibition, in den drei folgenden Abschnitten anhand von gängigen Modellen aus dem sozialwissenschaftlichen Forschungsbereich beschrieben.

3.3.1 Gedächtnis/Arbeitsgedächtnis

Um den Begriff Arbeitsgedächtnis treffend umschreiben zu können, werden zuerst die Begriffe Gedächtnis und Lernen definiert und deren wechselseitiger Zusammenhang sowie deren Bedeutung für den Alltag beschrieben.

> „Der Begriff Lernen schließt ganz allgemein die Prozesse ein, die zur Aneignung neuen Wissens oder neuer Fertigkeiten führen, während der Begriff Gedächtnis das Endprodukt des Lernens bedeutet.“ (Thöne-Otto & Markowitsch, 2004 in Lepach & Petermann, 2008, S. 12)

Lernen und Gedächtnis sind dabei eng miteinander verknüpft, ohne Gedächtnis können keine Lerninhalte aufgenommen werden und ohne Lernen gelangen keine neuen Inhalte in das Gedächtnis (vgl. Müsseler, 2011). Ein gutes Gedächtnis ist für die erfolgreiche Bewältigung des schulischen aber auch des häuslichen Alltags von Kindern und Jugendlichen von zentraler Bedeutung, so erleichtert es z.B. tägliche Lern- und Interaktionsprozesse.

Der Begriff des Arbeitsgedächtnisses wird in alltäglichen Gesprächen oftmals als Synonym für das Kurzzeitgedächtnis verwendet. Mit folgendem Zitat soll die Funktion des Arbeits-gedächtnisses aufgezeigt werden, um eine begriffliche Abgrenzung zum Kurzzeitgedächtnis vornehmen zu können:

> „Das Arbeitsgedächtnis wird als Arbeitsspeicher beschrieben, der für Entscheidungen, Planung und Handlungssteuerung benötigt wird…Baddley (2000) beschreibt seine Funktion als das Bereitstellen von Gedächtnisinhalten während des gleichzeitigen Ablaufs übergeordneter kognitiver Operationen.“ (Lepach et al., 2010, S. 10)

An diesem Zitat wird deutlich, dass es sich beim Arbeitsgedächtnis nicht nur um einen „Zwischenspeicher“ bzw. „Behälter“ zur Zwischenspeicherung von Informationen im Sinne des Kurzzeitgedächtnisses handelt, sondern dass die gespeicherten Informationen für das vom Individuum angestrebte Handlungsziel erforderlich sind. Um das Handlungsziel erreichen zu können, muss der Handlungsablauf geplant, gesteuert und kontrolliert werden. Die Kontrolle findet innerhalb dieses Prozesses in Form von zu treffenden Entscheidungen während des Handlungsablaufs statt.

Für die wissenschaftliche Analyse des menschlichen Gedächtnisses im Allgemeinen sowie des Arbeitsgedächtnisses im Speziellen bedarf es der Betrachtung von Gedächtnismodellen und einer klaren Abgrenzung der Begrifflichkeiten, um der Komplexität der Funktion des Gedächtnisses annähernd gerecht werden zu können.

3.3.1.1 Mehrspeichermodelle des Gedächtnisses

Die ersten Gedächtnismodelle entsprachen der Form von Zwei-Speicher-Modellen, bei denen zwischen den Speichern des Kurzzeit- und Langzeitgedächtnisses unterschieden wurde. Attkinson & Shiffrin (1968) erweiterten das Zwei-Speicher-Modell, um das sogenannte Sensorische Register, welches dem Kurzzeitgedächtnis vorgeschaltet ist. Das dadurch entstandene Drei-Speicher-Modell, wirkt bis in die heutige Zeit nach (vgl. Schermer, 2014), es wird in folgender Abbildung dargestellt und daraufhin beschrieben:

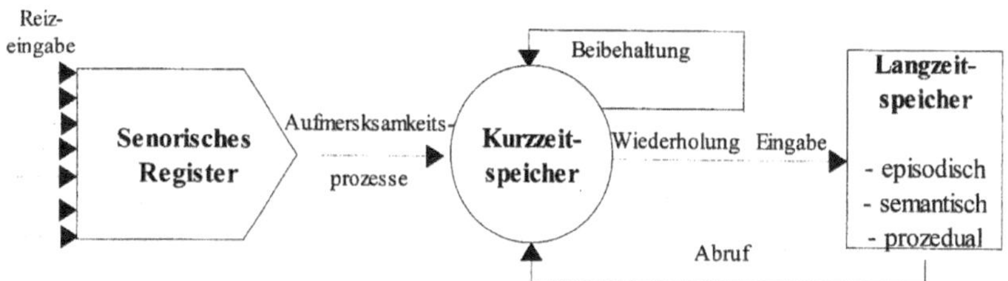

Abb. 4: Mehrspeichermodell des Gedächtnisses (mod. nach Houston 1981, S. 340 in Schermer, 2014)

Nach Sperling (1969) werden dem sensorischen Register verschiedene Reizeindrücke zugeführt. Die im sensorischen Register aufgenommenen Reize werden in Form einer visuellen Vorlage wahrgenommen, einem Durchmusterungsprozess unterzogen und anschließend einem Zwischenspeicher des Wiedererkennens zugeführt. Der sensorische Informationsspeicher hält Sinnesdaten für einen Bruchteil von Sekunden fest, bis der Durchmusterungsprozess abgeschlossen ist (vgl. Resch et al., 1999). Das visuelle Bild wird daraufhin in die notwendigen motorischen Befehle umgewandelt. Klix (1980) hingegen leitet die Funktion des sensorischen Speichers von den Kapazitätseigenschaften und Zeitverhältnissen ab (vgl. Schermer, 2014). Das kurzfristige Anhalten einer Reizvorlage „ermöglicht die Extraktion von Merkmalen, ihre Nutzung für den Erkenntnisvorgang. Die Zeitspanne ermöglicht insbesondere eine Auswahl von Reizeinflüssen nach deren Ordnung oder Bewertung in einem relevanten Kontext.“ (Klix 1980, S. 65 in Schermer, 2014, S. 147) Resch et al. (1999) beschreiben die Tätigkeit des sensorischen Informationsspeichers als einen notwendigen Selektionsprozess zur Informationsgewinnung im Wahrnehmungsakt. Im weiteren Verlauf gehen die Informationen verloren, denen keine weitere Aufmerksamkeit geschenkt wird. Beachtete Informationen werden in das Kurzzeitgedächtnis weitergeleitet, welches über 7 ± 2 Speicherplätze verfügt und Informationen bis zu etwa 30 Sekunden festhält (vgl. Resch et al., 1999). Durch Wiederholungsvorgänge werden die Informationen memoriert, bevor sie relativ dauerhaft im Langzeitgedächtnis abgespeichert werden. Beim Eingang der Informationen in das Langzeitgedächtnis spielt die Verarbeitungstiefe des Materials eine wichtige Rolle (vgl. Anderson, 2013). „Craik & Lockhart zufolge geht mit einer tieferen Verarbeitung eine stärkere Gedächtnisspur und damit eine bessere Gedächtnisleistung einher.“ (Schermer, 2014, S. 164) Im Langzeitspeicher werden die Informationen für Minuten, Tage oder zeitlich unbegrenzt abgelegt (vgl. Resch et al., 1999). Vom Kurzzeitspeicher ausgehend können dann notwendige episodische, semantische oder prozedurale Inhalte aus dem Langzeitgedächtnis wieder auf- bzw. abgerufen werden.

Breitenbach (2014) meint das sensorische Register, wenn er vom Ultrakurzzeitgedächtnis bzw. sensorischem Gedächtnis spricht. Es lässt sich für visuelle und akustische Stimuli relativ eindeutig belegen (vgl. Schermer, 2014). Das Ultrakurzzeitgedächtnis repräsentiert sensorische Informationen für wenige Hundert Millisekunden. Diese kurze Zeitspanne reicht aus, eine erste Reizauswahl zu treffen, die von der selektiven Aufmerksamkeit bestimmt wird. Die als wichtig bewerteten Informationen werden daraufhin an das Arbeitsgedächtnis weitergeleitet und dort verarbeitet oder sie gelangen über Konsolidierungsprozesse direkt ins Langzeitgedächtnis. Breitenbach schafft so eine Verknüpfung zwischen dem herkömmlichen Mehrspeichermodell und dem Arbeitsgedächtnismodell, welches im folgenden Abschnitt näher erläutert wird.

3.3.1.2 Arbeitsgedächtnismodell

> „Das Modell des Arbeitsgedächtnisses nach Baddeley (1986) stellt einen der verbreitetsten Ansätze in der Arbeitsgedächtnisforschung dar." (Conway, Jarrold, Kane, Miyake & Towse, 2007; Jarrold & Towse, 2006; Michalczyk & Hasselhorn, 2010 in Michalczyk et al., 2012, S. 23). Für Breitenbach (2014, S. 221) stellt es „...eine Art Sonderform des Kurzzeitgedächtnisses dar, in dem aktiv Informationen festgehalten und manipuliert werden können."

Baddley und Hitch (1974) setzten sich mit dem bis dahin klassischen Mehrspeichermodell kritisch auseinander und modifizierten den Kurzzeitspeicher. Das neu geschaffene Modell des Arbeitsgedächtnisses umfasst zwei Kurzzeitspeicher, einen verbalen und einen visuell-räumlichen (vgl. Hoffmann & Engelkamp, 2013). Michalczyk et al. (2012) und weitere Autoren benennen zusätzlich eine zentrale Exekutive, die als flexible Kontrolleinheit zur Steuerung und Überwachung der beiden Subsysteme, der phonologischen Schleife und dem visuell-räumlichen Notizblock, fungiert. In folgender Abbildung wird das Arbeitsgedächtnissystem dargestellt:

Abb. 5: Kontrolle der zentralen Exekutive des Arbeitsgedächtnisses über einige Untersysteme (vgl. Baddeley, 1986 in Anderson, 2013, S. 121)

Das Gesamtsystem ist nach Berti (2010) dafür zuständig Informationen über einen kürzeren Zeitraum zur Verfügung zu halten, die für die Ausführung einer mentalen oder kognitiven Aufgabe benötigt werden (vgl. Breitenbach, 2014). Die zentrale Exekutive übernimmt dabei die Steuerung der Informationsaufnahme durch Aufmerksamkeitslenkung sowie die Überwachung des Strategieeinsatzes und die Überprüfung des Ziels (vgl. Lohaus & Vierhaus, 2013). Die Aufmerksamkeitslenkung erfolgt u.a. bei Bearbeitung zwei verschiedener Aufgaben, wenn die Situation einen Aufmerksamkeitswechsel oder eine Aufmerksamkeitsteilung erforderlich macht (vgl. Janczyk et al., 2004). Darüber hinaus steuert und überwacht sie die beiden Subsysteme, die für die Aufrechterhaltung von Informationen zuständig sind. Sie kann Informationen in die beiden Untersysteme einbringen und von diesen empfangen. Die Funktionsbeschreibung der beiden Subsysteme, wird exemplarisch an einem Lösungsprozess einer Multiplikationsaufgabe, die im Kopf gerechnet wird, aufgezeigt: Beim Rechnen (5x12) entsteht ein visuelles Bild des schriftlichen Multiplizierens (räumlich-visueller Notizblock) das Einzelprodukt (60) wird daraufhin memoriert (phonologische Schleife) (vgl. Anderson, 2013). Die phonologische Schleife setzt sich nach Hoffmann & Engelkamp (2013) aus zwei Komponenten zusammen, der artikulatorischen Schleife und dem phonologischen Speicher. Die Funktion der phonologischen Schleife wird in folgender Abbildung dargestellt:

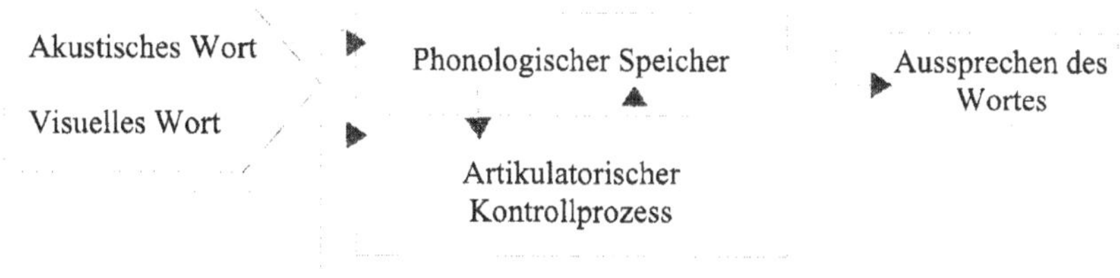

Abb. 6: Verarbeitung akustischer und visueller Sprachreize durch die phonologische Schleife (Hoffmann & Engelkamp, 2013, S. 123)

Die artikulatorische Schleife bzw. der artikulatorische Kontrollprozess ermöglicht es, die Reize im phonologischen Speicher zu wiederholen und aufrecht zu erhalten und fungiert somit als „innere Stimme". Der phonologische Speicher wird in diesem Zusammenhang auch als „inneres Ohr" bezeichnet. Ein klassisches Beispiel dafür ist, das Erinnern an eine Telefonnummer, die einem mitgeteilt wird und daraufhin in Gedanken mehrfach wiederholt wird (vgl. Anderson, 2013; Hoffmann & Engelkamp, 2013). „Einer der hervorstechendsten Belege für die Existenz einer artikulatorischen Schleife ist der Wortlängeneffekt (Baddely, Thomson & Buchanan, 1975)." (Anderson, 2013, S. 122)

3.3.1.3 Gedächtnisspanne und Merkfähigkeit

Zwischen Gedächtnis und Merkfähigkeit besteht ein enger Zusammenhang. Eine gute Merkfähigkeit kann dazu beitragen in Lernprozessen erworbenes Wissen langfristig im Gedächtnis zu konsolidieren. Des Weiteren trägt sie dazu bei, Informationen im Arbeitsgedächtnis aufrecht zu erhalten, um zielgerichtete Handlungen ausführen zu können. Merkfähigkeit kann z.B. in Verbindung mit visuellen, auditiven, taktilen, olfaktorischen und gustatorischen Reizen stehen. Im Rahmen dieser Ausarbeitung stehen die visuelle und die auditive Merkfähigkeit im Vordergrund.

Beim Training des Arbeitsgedächtnisses spielt in der Fachliteratur der Auf- bzw. Ausbau der Gedächtnis- bzw. Merkspanne eine zentrale Rolle. Mit Hilfe einer gut ausgeprägten Gedächtnisspanne gelingt es dem Lernenden sich mehrere Informationen gleichzeitig zu merken. Eine Arbeitsdefinition der Gedächtnisspanne liefert Anderson (2014, S. 119f.):

> „Die Gedächtnisspanne bezeichnet die Zahl der Elemente, die man nach der Darbietung wiedergeben kann."

Lepach & Petermann (2008) weisen darauf hin, dass die Kapazität der Gedächtnisspanne vergleichsweise limitiert ist. Bei einer Aus- oder Überlastung dieser Kapazität ist mit einem deutlichen Leistungsabfall bei der Ausführung einer anderen Tätigkeit zu rechnen, die dann parallel Ressourcen des Kurzzeitgedächtnisses beansprucht (vgl. Schermer, 2014). Kyllonen (1996) spricht in diesem Zusammenhang von kapazitativen Unterschieden des Arbeitsgedächtnisses und sieht sie als wesentlich für interindividuelle Unterschiede im kognitiven Funktionsniveau an (vgl. Seitz-Stein et al., 2012). Die Kapazität des Arbeitsgedächtnisses hängt des Weiteren vom jeweiligen Gedächtnisspannen-Maß ab. Außerdem spielt die Form der Präsentation und Reproduktion eine Rolle. Folgende Darstellung zeigt die Gedächtnisspannen-Maße und ihre Formen auf:

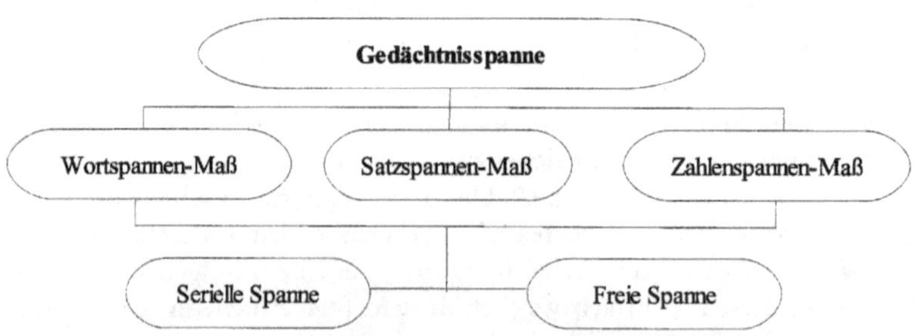

Abb. 7: Gedächtnisspannen-Maße im Überblick (angelehnt an Lepach & Petermann, 2008)

Ein gut entwickeltes Wortspannen-Maß kann z.B. dazu beitragen, sich verschiedene Namen aus einer Personengruppe (freie Gedächtnisspanne) zuverlässiger zu merken. Das Satzspannen-Maß kann beim Lernen eines Gedichts (serielle Gedächtnisspanne) vorteilhaft sein und die Kapazität des Zahlenspannen-Maßes kann dazu führen sich problemlos eine Telefonnummer (serielle Gedächtnisspanne) merken zu können.

De Fockert et al. (2001) wiesen in einer Studie die Kapazitätsbegrenzung des Arbeits-gedächtnisses nach und belegen darüber hinaus einen starken Zusammenhang zwischen Arbeitsgedächtnis und selektiver Aufmerksamkeit. Sie kombinierten zwei unabhängige Aufgaben zur Erfassung der Gedächtnisspanne und zur Überprüfung der selektiven Aufmerksamkeit und stellten fest, dass bei hoher Auslastung des Arbeitsspeichers keine Ressourcen mehr für die Selektion relevanter Reize zur Verfügung stehen. Sie interpretierten daraus, dass dasselbe exekutive System für die Aufrechterhaltung von Informationen im Arbeitsgedächtnis und die Verarbeitung visueller Reize verantwortlich ist. Inwieweit die Kapazität des Arbeitsgedächtnisses bei der Reizinhibition eine Rolle spielt, zeigt eine korrelative Studie auf. Personen mit einer hohen Arbeitsgedächtnisspanne gelingt es laut dieser Studien besser Interferenzen zu inhibieren als Personen mit einer niedrigen Arbeitsgedächtnisspanne (vgl. Kane & Engle, 2003). Zudem reduziert eine erhöhte Kapazität dieser Spanne gedankliches Abschweifen und die Aufrechterhaltung der Konzentration bei veränderten Aktivitäten (vgl. Kane et al., 2007).

Die Leistung des Arbeitsgedächtnisses kann im Hinblick auf die unterschiedlichen Spannen-Maße u.a. mit Hilfe akustischer oder visueller Stimuli trainiert werden. Die Reproduktions-leistung nach dargebotenen Stimuli kann dabei in serieller oder freier Folge überprüft werden. Beim Aufbau des Trainingsprogramms wird aus didaktischen Gründen berücksichtigt, dass zu Beginn Aufgaben zur freien und in den darauf folgenden Trainingseinheiten zur seriellen Gedächtnisspanne gestellt werden. Außerdem wird bei Aufgaben zur Wortspanne die Silbenanzahl der zu merkenden Wörter berücksichtigt. Michalczyk et al. (2012) weisen darauf hin, dass der artikulatorische Kontrollprozess bei dreisilbigen Wörtern besonderen Anforderungen ausgesetzt ist. Aufgrund dessen enthalten die Aufgaben zu Beginn des Trainingsprogramms zweisilbige Wörter und erst im weiteren Verlauf dreisilbige Wörter.

3.3.1.4 Determinanten der Gedächtnisentwicklung

Nach Lepach & Petermann (2008) kommt es im Verlauf vom 0. bis zum 5. Lebensjahr zu einer deutlichen Zunahme des Vorwissens, was zur Unterstützung des Gedächtnisses beiträgt. Bei Kindern entwickeln sich in dieser Zeit verschiedene Kapazitätsmerkmale, wie z. B. die Assoziation und Generalisation. Es gibt erste Hinweise auf die Gedächtnisüberwachung (Metagedächtnis), die dazu führt erste einfache Gedächtnisstrategien, wie z.B. eine selektive Aufmerksamkeitsauswahl treffen zu können. Die absolute Kapazität des sensorischen Registers sowie des Kurzzeitspeichers sind bei Kindern im Alter von 5 Jahren so weit entwickelt wie bei Erwachsenen.

Das Gedächtnis entwickelt sich in der (Grundschulzeit) zwischen dem 6. und 10. Lebensjahr besonders produktiv. Dabei steigert sich das Gedächtnispannen-Maß zwischen dem 4. und 12. Lebensjahr (vgl. Lepach & Petermann, 2008). Die Gedächtnisforscher Hudson & Nelson (1986) gehen davon aus, dass dies insbesondere auf die intensivere Verarbeitungstiefe bei Kindern in dieser Altersgruppe zurück zu führen ist (vgl. Schermer, 2014). Hasselhorn & Grube (2006) hingegen sehen als besonderen Einflussfaktor den gezielten Einsatz von Speicher- und Erinnerungshilfen ab dem 6. Lebensjahr. Weitere Determinanten der Gedächtnisentwicklung sind die zunehmende Verarbeitungsgeschwindigkeit aufgenommener Informationen und die sich stetig verbessernde Überwachung des Gedächtnisses. Außerdem wird das Gedächtnis durch das zunehmende Vorwissen unterstützt, was zu einer Verbesserung des Strategieerwerbs beiträgt (vgl. Lepach & Petermann, 2008). Schneider (2008) gibt an, dass im Grundschulalter insbesondere die deklarativen Kompetenzen des Metagedächtnisses (=Wissen über die eigenen Fähigkeiten und Ressourcen) deutlich ansteigen (vgl. Lohaus & Vierhaus, 2013).

3.3.2 Aufmerksamkeit

Breitenbach (2014) beschreibt Aufmerksamkeit als

> „...eine Art Basisfunktion, die an vielfältigen Prozessen der Wahrnehmung, des Gedächtnisses, der Handlungsplanung oder Sprache beteiligt ist."

Nach Müsseler (2011) handelt es sich um die Fähigkeit einzelne Reize oder Reizaspekte aus einem vielfältigen Reizangebot der Umwelt auszuwählen und andere zu übergehen und zu unterdrücken.

3.3.2.1 Dimensionen der Aufmerksamkeit

Corbetta & Shulman (2002) treffen eine grundlegende Unterscheidung zwischen der zielgerichteten Aufmerksamkeit (endogene Kontrolle) und der stimulus- bzw. reizgetriebenen Aufmerksamkeit (exogene Kontrolle) (vgl. Anderson, 2013). Weitere Differenzierungs-möglichkeiten des Aufmerksamkeitsbegriffs ergeben sich nach Aufteilung der Aufmerksamkeit in zwei Dimensionen. Folgende Tabelle zeigt die beiden Dimensionen mit den relevanten Aufmerksamkeitsbereichen und den zugehörigen Paradigmen auf:

Dimension	Bereiche	Paradigmen
Intensität	Aufmerksamkeits-aktivierung	Visuelle oder auditive Reaktionsaufgaben mit oder ohne Warnreiz
	Daueraufmerksamkeit	Langandauernde einfache Signalentdeckungs-aufgaben, hoher Anteil relevanter Stimuli
	Vigilanz	Langandauernde monotone Signalentdeckungs-aufgaben, niedriger Anteil relevanter Stimuli
Selektivität	Selektive Aufmerksamkeit	Wahlreaktionsaufgaben
	Fokussierte Aufmerksamkeit	Aufgaben mit Störreizen zwecks Distraktion
	Geteilte Aufmerksamkeit	Aufgaben, die eine Verteilung der Aufmerksamkeit auf mehrere „Informationskanäle" erfordern
	Aufmerksamkeits-flexibilität	Aufgaben zur Erfassung der kognitiven Flexibilität

Tab. 4: Aufmerksamkeitsdimensionen sortiert nach Bereichen und Paradigmen (vgl. Sturm, 2009, S. 425 in Breitenbach, 2014; Drechsler, 2010)

Die Dimension der Intensität betrifft die Aufrechterhaltung der Aufmerksamkeit. Die Aufmerksamkeitsaktivierung meint speziell die Aufrechterhaltung eines aufnahmefähigen Zustandes. Die Daueraufmerksamkeit sowie die Vigilanz hingegen beziehen sich auf die Aufrechterhaltung der Aufmerksamkeit über einen längeren Zeitraum. Sie unterscheiden sich in der Anzahl der Stimuli, die während eines Zeitraums präsentiert werden und ggf. registriert werden sollen (vgl. Breitenbach, 2014; Döpfner et al., 2007). „Das Arbeitsgedächtnis kann auch mit der Fähigkeit, über eine längere Zeit bei einer Tätigkeit bleiben zu können und mit Daueraufmerksamkeit zusammenhängen....Obwohl Arbeitsgedächtnis und Daueraufmerksamkeit unterschiedlichen neuropsychologischen Konstrukten zugerechnet werden, lassen sich beide Bereich auf Verhaltensebene oft nur unzureichend unterscheiden." (Drechsler & Steinhausen, 2013, S. 24)

Die Dimension der Selektivität betrifft die Fähigkeit, Aufmerksamkeit auf die Informationen zu richten, die zur Erreichung eines Ziels am relevantesten sind und irrelevante Informationen auszublenden (inhibitorische Funktion) (vgl. Breitenbach, 2014; Döpfner et al., 2007; Oerter & Montada, 2008; Siegler et al. 2011). Müsseler (2011, S. 105) konzentriert sich auf den Bereich der selektiven Aufmerksamkeit im Kontext des Mehrspeichermodells des Gedächtnisses (vgl. Kap. 3.3.1.3), wenn er sagt:

> „...aus der Gesamtmenge der eingehenden Information (sowie der im Gedächtnis gespeicherten Information) muss ständig die relevante Teilmenge ausgewählt werden, um effizientes und störungsfreies Handeln zu ermöglichen."

Mit Hilfe des zu entwickelnden Trainingsprogramms soll versucht werden die folgenden Aufmerksamkeitsbereiche explizit sowie implizit zu fördern: Die selektive Aufmerksamkeit, die Daueraufmerksamkeit sowie die geteilte Aufmerksamkeit. Die explizite Förderung betrifft die selektive sowie die geteilte Aufmerksamkeit, die in Form von speziellen Aufgaben verbessert werden soll. Die geteilte Aufmerksamkeit wird außerdem durch das Führen des Hundes implizit gefördert, da die Probanden ihre Aufmerksamkeit parallel auf den Hund und auf das Lösen der gestellten Aufgaben richten müssen. Implizit wird auch die Daueraufmerksamkeit gefördert, die aufgebracht werden muss, um alle Aufgaben der jeweiligen Trainingseinheit über einen längeren Zeitraum konzentriert bearbeiten zu können.

3.3.2.2 Entwicklung von Aufmerksamkeitsprozessen

Wagner (1991) beschreibt die Entwicklung von Aufmerksamkeitsprozessen mit Beginn im Vorschulalter. In diesem Alter schenken Kinder vorwiegend ihre Aufmerksamkeit interessanten und Neugier erregenden Reizen aus der Umwelt wie z.B. Spielzeugen und Tieren. Ab dem 5. Lebensjahr wird die Steuerung der Aufmerksamkeit immer bewusster und die ersten systematischen Strategien der Aufmerksamkeitskontrolle werden eingesetzt. Die Aufmerksamkeit wird allerdings bis zum 7. Lebensjahr noch häufig von Stimulus getriebenen Reizen gesteuert. Erst ab dem 8. Lebensjahr sind Kinder in der Lage ihre Aufmerksamkeit über einen längeren Zeitraum aufrecht zu erhalten. Diese Fähigkeit gilt im Alter von 14 Jahren als ausgebildet.

3.3.3 Impulskontrolle / Inhibition

Resch et al. (1999, S. 393) beschreiben die Impulskontrolle bzw. inhibitorische Kontrolle als die Fähigkeit

> „...spontane und/oder reaktive Handlungen aus Gründen höherer Motivation und Zielvorstellungen zu unterdrücken oder zu unterlassen.“

Drechsler und Steinhausen (2013, S. 21), definieren sie als:

> „...die Fähigkeit einen Impuls zu hemmen, ihm zu widerstehen und nicht nachzugeben, sowie die Fähigkeit, Handlungen im richtigen Moment stoppen zu können.“

Die zweite, umfassendere Definition berücksichtigt neben der Hemmung vor der Einleitung einer Handlung die Hemmung von Impulsen während einer Handlung.

Dazu ist das Stoppen von Handlungsimpulsen während eines Handlungsablaufs für den praktischen Teil der Arbeit von besonderer Bedeutung.

3.3.3.1 Selbstregulationsfähigkeit

Um die Impulskontrolle näher beschreiben und auf deren Entwicklung eingehen zu können, wird an dieser Stelle die Selbstregulationsfähigkeit thematisiert. Sie ist Voraussetzung dafür, eigene Impulse kontrollieren und sich in achtsamer, bewusster und überlegter Weise verhalten zu können. Außerdem befähigt sie Kinder dazu Anweisungen Erwachsener zu folgen. Kinder mit einer gut entwickelten Selbstregulationsfähigkeit sind in der Lage Impulse zu unterdrücken, Belohnungsaufschub auszuhalten und Konsequenzen ihres Handelns abschätzen zu können (vgl. Bodrova & Leong, 2005 in Kubesch, 2014; Siegler et al., 2011). Der Belohnungsaufschub gelingt Kindern in der Grundschulzeit immer leichter und zunehmend über längere Zeiträume. In dieser Zeit setzen sie verstärkt kognitive Strategien, zur Verarbeitung emotionaler Befindlichkeiten ein. Emotionen sind als grundlegend für viele menschliche Funktionen zu betrachten, sie regulieren zu können ist entscheidend, um Ziele zu erreichen und sozial kompetent zu handeln (vgl. Siegler et al., 2011). „Die emotionale Selbstregulierung ist ein Prozess der Initiierung, Hemmung oder Modulierung innerer Gefühlszustände und der mit diesen Zuständen verbundenen physiologischen Prozessen, Kognitionen und Verhaltensweisen.“ (Siegler et al., 2011, S. 390) Die Entwicklung der emotionalen Selbstregulierung (intrapsychische Regulation) wird durch eine allmähliche Ablösung von der emotionalen Fremdregulierung (interpsychische Regulation) bestimmt.

3.3.3.2 Entwicklung der Selbstregulationsfähigkeit

Bei Entwicklung der Selbstregulationsfähigkeit werden von verschiedenen Autoren (vgl. Drechsler & Steinhausen, 2013; Lohaus & Vierhaus, 2013; Siegler et al. 2011) drei altersbezogene Veränderungsmuster unterschieden:

(1) Das erste Muster ist dadurch gekennzeichnet, dass Kinder im Vorschulalter die Fähigkeit entwickeln ihre Emotionen selbst zu regulieren, um eigene Ziele zu erreichen. In dieser Entwicklungsphase sind allerdings interpsychische regulative Hilfestellungen noch notwendig.

(2) Das zweite Muster ist die Fähigkeit negative Emotionen mit Hilfe kognitiver Strategien selbst kontrollieren zu können. Grundschulkinder lernen Ärger zu regulieren und eine Situation neu zu bewerten. Sie sind zunehmend in der Lage ihre Bewältigungsversuche situationsadäquat zu variieren und auf Stresssituationen angemessen zu reagieren. Im Bereich der Impulskontrolle bzw. Inhibition erreicht die Leistung dabei im Alter von 12 Jahren ihren Hochpunkt.

(3) Das dritte Muster beinhaltet die Möglichkeit verschieden angemessene kognitive Regulationsstrategien flexibel nutzen zu können, eine Fähigkeit, die sich im Jugendalter weiter entwickelt.

Diese Beschreibung des Entwicklungsverlaufs der Emotionsregulation zeigt auf, dass es Kindern mit zunehmendem Alter immer besser gelingt ihre Emotionen und somit ihre Impulse durch die Verbesserung kognitiver Überwachungsprozesse zu steuern. Mit einer gut bzw. normal entwickelten emotionalen Selbstregulationsfähigkeit können Impulse situationsangemessen gehemmt und kontrolliert werden.

4 Hyperkinetische Verhaltensstörungen

In diesem Kapitel wird die Hyperkinetische Störung bzw. das Aufmerksamkeitsdefizit-syndrom nach dem DSM-IV sowie ICD-10 definiert und subtypisiert. Außerdem werden Primär- und Sekundärsymptomatiken, Prävalenzraten sowie Ursachen und begünstigende Faktoren der Hyperkinetischen Störung genannt und beschrieben. Darüber hinaus wird auf Defizite der exekutiven Funktionen hyperkinetischer Kinder, die Medikation sowie auf Förderprogramme einzelner Komponenten der exekutiven Funktionen mit und ohne Begleithund eingegangen.

4.1 Beschreibung und Definition

Hyperkinetische Störungen zählen neben den aggressiven Verhaltensstörungen zu den häufigsten Vorstellungsanlässen bei Psychotherapeuten, in Erziehungsberatungsstellen, schulpsychologischen Diensten und kinderpsychiatrischen Einrichtungen (vgl. Döpfner et al., 2008). Das Störungsbild gehört zu den Problembildern, die sich am lautstärksten bemerkbar machen und allen Beteiligten meist vielfältige Sorgen bereiten (vgl. Adams & Peters, 2003). Für dieses Phänomen, bei dem die einhergehenden Verhaltensweisen oftmals insbesondere in der Schule auffallen, liegt allerdings keine eindeutige Begriffsbestimmung vor (vgl. Hillenbrand, 2002). Nach dem Klassifikationssystem ICD-10 sprechen wir von der Hyperkinetischen Störung (HKS), nach dem DSM-IV wird die Störung als „Aufmerksamkeitsdefizitsyndrom mit und ohne Hyperaktivität" (ADHS/ADS) bezeichnet. Im weiteren Verlauf werden die Begriffe ADHS und HKS sowie hyperaktiv und hyperkinetisch als Synonyme verwendet.

Laut Bundesärztekammer (2006) werden die Hyperkinetischen Störungen nach beiden Klassifikationssystemen anhand folgender Merkmale definiert bzw. charakterisiert:

(1) Störung der Aufmerksamkeit mit Mangel an Ausdauer bei Beschäftigungen und die Tendenz, Tätigkeiten zu wechseln, bevor sie zu Ende gebracht wurden.

(2) Unruhiges Verhalten, insbesondere mit der Unfähigkeit, still sitzen zu können.

(3) Impulsivität z.B. mit abrupten motorischen und/oder verbalen Aktionen, die nicht in den sozialen Kontext passen.

Für die Diagnose der HKS ist darüber hinaus ein früher Beginn, im allgemeinen vor dem Alter von sechs Jahren, sowie einer Dauer des Bestehens von wenigstens sechs Monaten entscheidend. Die Symptome müssen in zwei oder mehr Lebensbereichen auftreten. Außerdem müssen sie eine Beeinträchtigung im sozialen, schulischen bzw. beruflichen Bereich zur Folge haben und dürfen nicht durch ein anderes Störungsbild besser erklärbar sein (vgl. Kabat vel Job, 2012).

4.2 Kernsymptome und deren Erscheinungsmerkmale

Nach dem ICD-10 und DSM-IV zählen zu den Kern- bzw. Primärsymptomen der Hyperkinetischen Störung die Aufmerksamkeitsbeeinträchtigung, die Hyperaktivität, sowie eine erhöhte Impulsivität. Erscheinungsmerkmale der Hyperkinetischen Störung werden in folgender Tabelle, sortiert nach den Kernsymptomen, dargestellt:

Unaufmerksamkeit	**Hyperaktivität**	**Impulsivität**
- Probleme bei der Wahrnehmung und Filterung von Reizen und Signalen	- Ist häufig 'auf Achse' oder handelt oftmals 'getrieben'	- Probleme beim Aufschub von Bedürfnissen
- Vorzeitiges Abbrechen von Aufgaben und Tätigkeiten	- Mangelhafte Anpassung an die Ordnung in der Umgebung	- Neigung zum Entweder-Oder-Verhalten
- Viele Flüchtigkeitsfehler	- Dauerndes In-Bewegung-Sein	- Stimmungslabilität
- Unordentliche und unsaubere Aufgabenbearbeitung	- Schlechte Anpassungsfähigkeit an Regeln der sozialen Umgebung	- Unterbricht und stört häufig andere
- Häufige Ablenkung durch äußere Reize	- Häufige Ungeschicklichkeiten und „Missgeschicke“	- Kann nur schwer abwarten, bis er an der Reihe ist
- Überdurchschnittliches Vergessen von Gelerntem, Gelesenem, Gehörtem und Verabredetem	- Ständiges Geräusche-Erzeugen wie z.B. Singen, Plappern, Tippeln, Dazwischenrufen	- Mangelndes Einfühlungsvermögen in die Notwendigkeit einer sozialen Situation
- Äußerliches Abschalten und demonstratives Desinteresse	- Scheinbar unverschämtes Nicht-Befolgen von Anweisungen oder Aufforderungen – auch unter Sanktionsandrohung	- Übermächtige Tendenz, dem ersten Handlungsimpuls, der ersten Idee, dem ersten Gedanken sofort nach zu gehen bzw. zu folgen.
- Sofortiges Vergessen eines Auftrages oder eines Vorhaben		
- Rascher Beschäftigungswechsel -	- Insgesamt chaotisches Verhalten.	
- Probleme bei der Aufrechterhaltung der Konzentration, trotz extrinsischer Motivation.		

Tab. 5: Kernsymptome der HKS und deren Erscheinungsmerkmale (vgl. Ellinger, 2008; Steinhausen, 2000)

Auf die Primärsymptome der hyperkinetischen Störung wird in den folgenden Abschnitten genauer eingegangen.

4.2.1 Unaufmerksamkeit

„Die gestörte Aufmerksamkeit macht sich durch die mangelnde Fähigkeit, sich längerfristig auf eine Aufgabe zu konzentrieren, bemerkbar.“ (Lohaus & Vierhaus, 2013, S. 256) Sie zeigt sich u.a. darin, dass insbesondere Aufgaben, die kognitiven

Einsatz verlangen, vorzeitig abgebrochen werden (vgl. Döpfner & Lehmkuhl, 2008). Die Betroffenen verlieren schnell das Interesse an einer Aufgabe und beschäftigen sich mit etwas für sie Interessanterem (vgl. Lauth & Schlottke, 2002). Neben der gestörten Daueraufmerksamkeit ist eine Störung der selektiven Aufmerksamkeit bei der HKS als typisch anzusehen (vgl. Döpfner et al., 2007). Die selektive Aufmerksamkeit, die für die Ausrichtung auf relevante Reize während der Aufgabenbearbeitung notwendig ist, ist bei hyperkinetischen Kindern unzureichend ausgeprägt (vgl. Hillenbrand, 2002). So haben sie bei der Bearbeitung von Aufgaben große Schwierigkeiten, Einzelheiten zu berücksichtigen und verlieren das Ziel aus den Augen (vgl. Lauth & Schlottke, 2002). Die Aufmerksamkeitsfähigkeit fehlt hyperkinetischen Kindern nicht völlig, sie zeigen in bestimmten Situationen, die z.B. als spannend empfunden werden, ein normales Aufmerksamkeitsverhalten (vgl. Hillenbrand, 2002). Wenn allerdings für eine neue Situation, keine Routinehandlungen zur Verfügung stehen, kommt es häufig zu Aufmerksamkeitsproblemen (vgl. Breitenbach, 2014). Für Kinder mit defizitären Aufmerksamkeitsleistungen führen solche Situationen oftmals zu einer Überforderung, aber auch in gewohnten Situationen kann es zu Problemen der Steuerung und Aufrechterhaltung der Aufmerksamkeit kommen.

4.2.2 Hyperaktivität

„Die Hyperaktivität bezeichnet eine desorganisierte, mangelhaft regulierte und überschießende motorische Aktivität, exzessive Ruhelosigkeit, die besonders in Situationen auftritt, die relative Ruhe verlangen." (Döpfner et al., 2007, S. 4) Die Verhaltensmerkmale zeigen sich besonders deutlich in strukturierten und organisierten Situationen (vgl. Döpfner & Lehmkuhl, 2008). Situationsabhängig kann sich die Symptomatik im Herumlaufen oder Herumspringen äußern, im Aufstehen, wenn dazu aufgefordert wurde sitzenzubleiben, in ausgeprägter Redseligkeit und Lärmen oder im Wackeln und Zappeln (vgl. Steinhausen, 2000). „Die Kinder erscheinen deshalb zumeist als umtriebig, ungesteuert und „wie aufgezogen". Sie zeichnen sich durch eine geradezu eskalierende Unruhe...aus. " (Lauth & Schlottke, 2002, S. 5) Außerdem kommt es aufgrund dieser Symptomatik häufig zu Einschlaf- und Durchschlafproblemen (vgl. Hillenbrand, 2002).

4.2.3 Impulsivität

Die Impulsivität ist eng mit Aufmerksamkeitsstörungen verbunden (vgl. Döpfner et al., 2008). Sie lässt sich in die kognitive und motivationale Impulsivität unterteilen. Der Begriff der kognitiven Impulsivität bezeichnet die Tendenz, dem ersten Handlungsimpuls zu folgen und eine Tätigkeit zu beginnen, bevor sie hinreichend durchdacht oder vollständig erklärt worden ist. Daneben besteht häufig eine motivationale Impulsivität, die sich bei den betroffenen Kindern darin äußert, dass sie enorme Schwierigkeiten haben, Bedürfnisse aufzuschieben und abzuwarten, bis sie an der Reihe sind (vgl. Döpfner et al., 2007). Resch et al. (1999) nennen neben der motivationalen und kognitiven Impulsivitätsebene zusätzlich die affektive (überschießende ungezügelte Affektausbrüche), die vegetative (gesteigerte Erregungs-bereitschaft) sowie die somatische Ebene (ungezügeltes motorisches Verhalten). Die Autoren nehmen dabei eine breit angelegte psychopathologische Sichtweise ein, sie subsumieren Symptome unter dem Begriff der Impulsivität, wobei mindestens eine Überschneidung mit der definitorischen Beschreibung der Primärsymptomatik der Hyperaktivität vorliegt. Taylor (1994) unterscheidet drei Dimensionen der Impulskontrolle. Als erste Dimension wird explizit die Hyperaktivität erwähnt, als zweite werden Regelverstöße genannt und die dritte umfasst das Ausmaß an Aggressivität (vgl. Resch et al., 1999). Die Hyperaktivität, die in der neueren Literatur als Kernsymptomatik benannt wird, wurde demnach unter der Symptomatik der Impulsivität subsumiert. Vermutlich ist dies auf die exaltierenden Verhaltensmuster zurückzuführen, die als Erscheinungsmerkmale mit diesen beiden Kernsymptomatiken einhergehen.

4.3 Subtypen

Innerhalb der HKS wird eine Unterscheidung zwischen Subtypen getroffen, da nicht bei jedem AD(H)S´ler die Primärsymptome in gleichem Maße ausgeprägt sind (vgl. Kabat vel Job, 2012).

Nach dem ICD-10 liegt der vorwiegend unaufmerksame Typus (F98.8) vor, wenn mindestens 6 Merkmale des Symptoms der Unaufmerksamkeit (vgl. Tabelle 4, S. 54) erfüllt sind. Vom vorwiegend impulsiv-hyperaktiven Typus (F90.1) ist auszugehen, wenn mindestens jeweils 6 Merkmale der Kernsymptome der Hyperakitvität sowie Impulsivität (vgl. Kap. 4.2) festgestellt werden können. Für die Diagnose des Mischtypus (F90) müssen mindestens 6 Merkmale jedes Kernsymptoms (vgl. Kap. 4.2) zutreffen (vgl. Lauth & Schlottke, 2002; Steinhausen, 2000). Zur Bestimmung des jeweiligen Subtyps kann folgende Matrix hilfreich sein:

Subtyp / Symptome	Vorwiegend unaufmerksamer Typ (F98.8)	Vorwiegend impulsiv-hyperaktiver Typ (F90.1)	Mischtyp (F90)
Unaufmerksamkeit	Mindestens 6 Merkmale	Weniger als 6 Merkmale	Mindestens 6 Merkmale
Hyperaktivität	Weniger als 6 Merkmale	Mindestens 6 Merkmale	Mindestens 6 Merkmale
Impulsivität	Weniger als 6 Merkmale	Mindestens 6 Merkmale	Mindestens 6 Merkmale

Tab. 6: Matrix zur Bestimmung von Subtypen der AD(H)S-Störung

Eine andere Subtypisierung nach Sobanski (2010) zeigt einen Zusammenhang zwischen der HKS und den damit oftmals verbundenen defizitären exekutiven Funktionen auf. Unter Berücksichtigung neuropsychologischer Untersuchungsergebnisse, kann zwischen dem kognitiven Subtyp mit Störungen der exekutiven Funktionen und dem Delay-Aversion-Subtyp mit motivationalen Defiziten, sowie Störungen der Fähigkeit zum Belohnungs-aufschub und zur langfristigen Verhaltensplanung unterschieden werden (vgl. Herpertz & Philipsen, 2010).

4.4 Prävalenzraten

Nach den streng gefassten Kriterien des ICD-10 liegen die Prävalenzraten zwischen dem 4.-17. Lebensjahr bei 1% und 3,4% (vgl. Döpfner et al., 2008). Die internationalen Prävalenzraten mit 9,2% für Jungen und 2,9% für Mädchen zeigen ebenfalls auf, dass die Diagnose ADHS häufiger bei Jungen als bei Mädchen gestellt wird (vgl. Schlack et al., 2007). Nach den Symptomkriterien des DSM-IV liegen die Prävalenzraten bei den 7- bis 10-jährigen bei 6,4% und bei den 14 bis 17-jährigen bei 3,9%. Unter Berücksichtigung dieser Kriterien, konnte in einer im Jahr 2006 durchgeführten Studie mit 14.836 Kindern und Jugendlichen im Alter von 3 bis 17 Jahren Prävalenzraten zu ADHS von 2,9 bis 7,9% je nach Altersgruppe festgestellt werden (vgl. Schlack et al., 2007). Andere Untersuchungen, bei denen Eltern sowie Lehrer befragt wurden, belegen eine Häufigkeit von 6,3% bzw. 6,7% (vgl. Scahill & Schwab-Stone, 2000 in Lauth & Schlottke, 2002), wobei Jungen 3-9-mal häufiger als Mädchen betroffen sind (vgl. Fröhlich-Gildhoff, 2013).

Mit zunehmendem Alter lassen sich zwar Verminderungen der Symptomatiken nachweisen, dies gilt vor allem für die Kernsymptome Hyperaktivität und Impulsivität (vgl. Schlack et al., 2007). Allerdings leiden 30 bis 66% der Betroffenen auch noch im Erwachsenenalter unter den Symptomen oder den Folgeproblemen (Döpfner et al. 2002 in Fröhlich-Gildhoff, 2013).

4.5 Ursachen und begünstigende Faktoren

In der Literatur wird durchgängig von einer multifaktoriellen Verursachung der HKS bzw. ADHS ausgegangen. Folgendes biopsychosoziales Modell zeigt die Entstehung der ADHS auf:

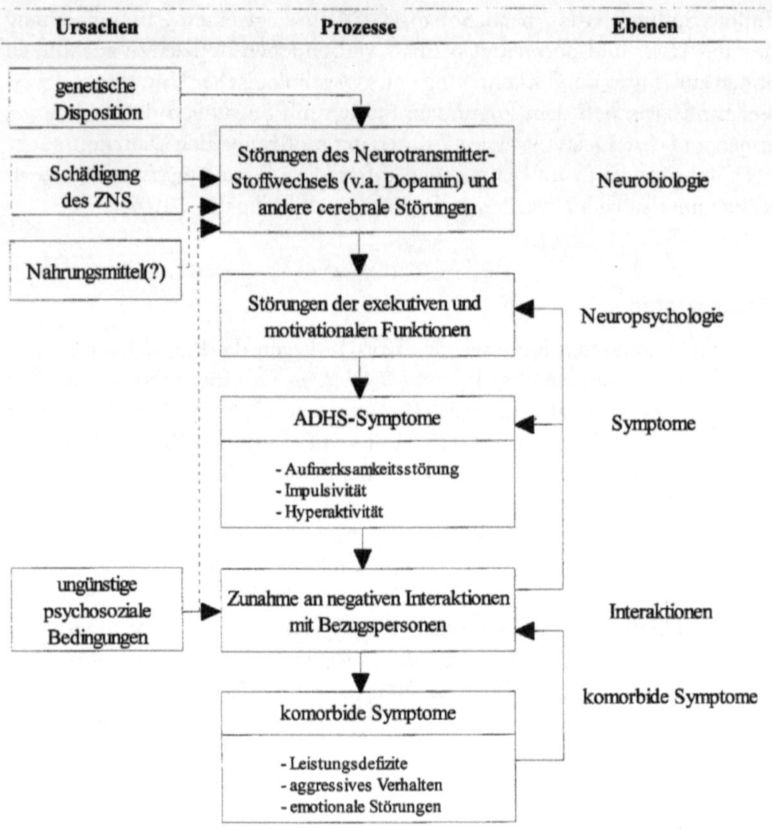

Abb. 8: Biopsychosoziales Modell zur Entstehung von ADHS (Döpfner et al., 2008, S. 261)

Döpfner et al. (2008) nennen zwei primäre Verursachungsfaktoren, die genetische Disposition sowie Schädigungen des Zentralnervensystems und einen begünstigenden Faktor, ungünstige psychosoziale Bedingungen. Auf diese drei Faktoren, welche bei Entstehung der ADHS in komplexer Weise zusammenwirken (vgl. Fröhlich-Gildhoff, 2013), wird im Folgenden näher eingegangen.

Die genetische Disposition sowie Schädigungen des Zentralnervensystems führen als ursächliche Faktoren u.a. zu Störungen des Neurotransmitterstoffwechsels. Neuropsychologische Studienergebnisse bestätigen eine Störung des Neurotransmitterstoffwechsels im Gehirn hyperkinetischer Kinder (vgl. Döpfner et al., 1999; Lohaus & Vierhaus, 2013). Die genetische Disposition stellt sich als der stärkste Einflussfaktor bei der Entwicklung der HKS dar und ist auch die am stärksten von genetischen Faktoren abhängige Störung im Kindes- und Jugendalter. So konnten Faraone et al. (2005) in einer Meta-Analyse eine Heritabilität von

76% bestimmen (vgl. Döpfner et al., 2008). Dabei ist anzumerken, dass die genetische Disposition „...keinerlei erzieherische Relevanz besitzt.“ (Hillenbrand, 2002, S. 180)

Die Umweltbedingungen im Mikrosystem haben ebenfalls einen erheblichen Einfluss auf die Entwicklung der HKS. Die Ausprägung und der Schweregrad der Störung werden in einem entscheidenden Maß von den psychosozialen Bedingungen innerhalb des Mikrosystems mitbestimmt (vgl. Hillenbrand, 2002; Siegler et al. 2011). So kann ein ungünstiges Erziehungsverhalten der Eltern sowie ungünstige schulische Bedingungen (ein hoher Geräuschpegel im Klassenraum) zur Verschlimmerung der Symptomatiken führen (vgl. Lohaus & Vierhaus, 2013). Die Diagnose ADHS lässt sich zunehmend genauer vorhersagen, je mehr familiäre Risikofaktoren auftreten, die i.R. zu ungünstigen psychosozialen Bedingungen führen, wie z.B. schwere Partnerbeziehungsstörungen, niedrige Sozialschicht, väterliche Kriminalität und mütterliche psychische Störungen (vgl. Steinhausen, 2000). „Weitere Faktoren im sozialen Umfeld, wie eine erhöhte Reizvielfalt durch Medien, erhöhte Leistungsanforderungen in der Schule, aber auch veränderte Familienstrukturen und dadurch veränderte Möglichkeiten zu Sozialerfahrungen (weniger/keine Geschwister) spielen bei der Entwicklung der Auffälligkeit wahrscheinlich auch eine Rolle.“ (Fröhlich-Gildhoff, 2013, S. 131)

An der Prozesskette des biopsychosozialen Modells wird u.a. deutlich, dass die auftretenden Kernsymptomatiken der ADHS u.a. durch gestörte exekutive Funktionen beeinflusst werden, deswegen widmet sich das folgende Kapitel den defizitären exekutiven Funktionen bei hyperkinetischen Kindern.

4.6 Defizite der exekutiven Funktionen

Empirische Forschungen zeigen, dass die exekutiven Funktionen von Kindern mit ADHS beeinträchtigt sind. Barkley (1997) geht davon aus, dass hyperkinetische Kinder generelle Defizite in den exekutiven Funktionen aufweisen und ihre starken Selbstregulationsdefizite darauf zurück zu führen sind (vgl. Gawrilow et al., 2012). Gestörte exekutive Funktionen werden als zentrale neuropsychologische Komponente bei der Entwicklung von ADHS postuliert (vgl. Döpfner et al., 2008) sowie „...für die unzulängliche motorische Kontrolle und das mangelnde zielgerichtete Beharren bei einer Aufgabe verantwortlich gemacht.“ (Steinhausen, 2000, S. 162) So stellten Desman et al. (2006) in Laboruntersuchungen auf neuropsychologischer Grundlage exekutive Defizite der Verhaltenshemmung bei Kinder mit ADHS fest.

Das Arbeitsgedächtnis von ADHS-Kindern als eine Komponente der exekutiven Funktionen weist im Gesamtsystem mit Blick auf das Arbeitsgedächtnismodell (vgl. Kap. 3.3.1.2) Defizite auf. Am stärksten scheint die zentrale Exekutive, die für die Überwachung der Subsysteme zuständig ist, beeinträchtigt zu sein. Rapport et al. (2008) geben an, dass Kinder mit ADHS, Schwierigkeiten bei der Bearbeitung von Aufgaben haben, die die zentrale Exekutive beanspruchen. Als Folge dieser Defizite werden von Oberbauer (2003) die unzureichenden Inhibitionsfähigkeiten vermutet (Gawrilow et al., 2012). Zum anderen weist das visuell-räumliche Subsystem bei Kindern mit ADHS starke Defizite auf, was scheinbar mit dem Kernsymptom der Unaufmerksamkeit im Zusammenhang steht (vgl. Chhabildas et al., 2001; Lui & Tannock, 2007 in Gawrilow et al., 2012). Die phonologische Schleife scheint weniger bis gar nicht beeinträchtigt zu sein. Zumindest deuten Untersuchungen darauf hin, bei denen phonologische Arbeitsgedächtnisaufgaben ohne Probleme gelöst werden können, wenn sie nicht zusätzlich die zentrale Exekutive belasten (Faraone et al., 1993; Karetekin, 2004; Shaywitz et al., 1995; Tiffin-Richards et al., 2008 in Gawrilow et al., 2012). Uneinigkeit besteht darin, ob sich Inhibitionsdefizite als übergeordnetes Merkmal auf die Funktion des Arbeitsgedächtnisses niederschlägt (Barkley, 1997) oder Arbeitsgedächtnisdefizite zu Inhibitionsschwierigkeiten führen (Rapport et al., 2007 in Gawrilow et al., 2012).

4.7 Begleit- und Folgesymptome

Zu den Begleit- und Folgesymptomen der hyperkinetischen Störung werden in der Fachliteratur u.a. oppositionelle Verhaltensstörungen, Schulleistungsdefizite, Lernstörungen sowie emotionale Auffälligkeiten genannt. Folgend werden zwei sekundäre Symptome beschrieben, welche für die vorliegende Arbeit besondere Relevanz haben:

(1) Oppositionelle Störungen des Sozialverhalten als Begleitsymptom der hyperkinetischen Störung werden bei bis zu 50% der Betroffenen diagnostiziert (Döpfner et al., 2008). Sie ergeben sich vermutlich aufgrund der erhöhten Impulsivität, die auch den affektiven Bereich mit einbezieht. Hyperkinetisch auffällige Kinder haben Schwierigkeiten ihr Verhalten in verschiedenen sozialen Situationen anzupassen und Rollenerwartungen gerecht zu werden. So widersetzen sie sich aktiv Anweisungen und Regeln Erwachsener. Gleichaltrigen gegenüber verhalten sie sich oft zudringlich und neigen zu einer deutlich verminderten Frustrations-toleranz, die sich in Wutausbrüchen entladen kann. Außerdem versuchen sie, andere zu dominieren und zu kontrollieren und verletzen damit die wichtigsten altersentsprechenden sozialen Normen (vgl. Döpfner et al., 2007; Hillenbrand, 2002; Lauth & Schlottke, 2002).

(2) Schulleistungsdefizite treten bei bis zu 30% der hyperkinetischen Kinder und Jugendlichen als Begleitsymptom auf (vgl. Fröhlich-Gilhoff, 2013). McGee und Share (1988) weisen darauf hin, dass etwa 50% dieser Kinder allgemeine Lernstörungen aufweisen. So scheinen Schul- und Lernschwierigkeiten eher die Regel als die Ausnahme zu sein (vgl. Döpfner et al., 1999). Die Lernschwierigkeiten sind

auf eine ungünstige Arbeitshaltung sowie mittelbare Lernbeeinträchtigungen zurückzuführen (Lauth & Schlottke, 2002) und zeigen sich im häuslichen sowie schulischen Bereich. Die Hausaufgabensituation, die regulär in den häuslichen Bereich fällt, stellt für Kinder sowie Eltern häufig eine große Herausforderung mit vielfältigen Problemen dar. So können hyperkinetische Kinder den schulischen Anforderungen trotz durchschnittlicher ausgeprägter Intelligenz oft nicht gerecht werden (vgl. Fröhlich-Gildhoff, 2013). Bei manchen Kindern zeigen sich hyperkinetische Probleme nahezu nur im Zusammenhang mit der Schule, in schulfreien Phasen hingegen sind keine Verhaltensauffälligkeiten zu beobachten (vgl. Döpfner et al., 1999). Sie erzielen meist schlechtere Noten, erbringen geringere Leistung in Kernfächern und wiederholen häufiger eine Klasse als ihre Mitschüler (vgl. Hillenbrand, 2002). Außerdem geraten sie in der Klassengemeinschaft nicht selten in Außenseiterpositionen (vgl. Fröhlich-Gildhoff, 2013). „Der ständige Misserfolg führt in eine Negativspirale der Selbstbewertung und zur Beschädigung des Selbstwertgefühls. “ (Ellinger & Fingerle, 2008, S. 161)

4.8 Interventionsmöglichkeiten

„Bei hyperkinetischen Störungen ist in der Regel eine multimodale Behandlung indiziert.“ (Lohaus & Vierhaus, 2013, S. 256) Dabei sollten Eltern, Lehrer und andere Bezugspersonen, die in der Lebenswelt der Kinder eine Rolle spielen, mit einbezogen werden. Auch in einem multimodalen Behandlungssetting ist eine auf das Kind zentrierte Vorgehensweise zu wählen, um unzureichend ausgeprägte Fähigkeiten und Fertigkeiten gezielt zu fördern. Um Störvariablen im praktischen Teil zu minimieren, bleiben parallel oder nachgeschaltete Eltern- bzw. Lehrertrainingsmaßnahmen unberücksichtigt. Darüber hinaus besteht die Gefahr, dass das vermittelte Wissen in solchen Trainingsmaßnahmen auf eine unterschiedliche Art und Weise und/oder auf einzelne Problembereiche fokussiert umgesetzt würde.

4.8.1 Medikation

Bei der medikamentösen Behandlung sind neben dem Mikrosystem (der Hausarzt bzw. Kinderarzt), das Exosystem (die pharmazeutische Industrie) und das Makrosystem (die Regierung) mit einbezogen (vgl. Siegler et al, 2011). Am häufigsten werden von praktizierenden Ärzten psychostimulierende Medikamente verschrieben. In den verschreibungspflichtigen Präparaten ist in der Regel entweder die Wirkstoffgruppe Methylphenidat oder Amphetamin enthalten (vgl. Döpfner et al., 2008). Die Medikamente greifen in den Neurotransmitterhaushalt des Gehirns ein und führen zu einer Verbesserung der Aufmerksamkeits- und Konzentrationsfähigkeit sowie zu einer Verringerung des Aktivitätsniveaus (vgl. Lohaus & Vierhaus, 2013; Siegler et al. 2011). Durch die Medikation wird über einen gewissen Zeitraum ein erfolgreiches Lernverhalten ermöglicht, was insbesondere für den schulischen Bereich (vgl. Hillenbrand, 2002) sowie für pädagogisch-therapeutische Interventionen eine zentrale Rolle spielt.

4.8.2 Verhaltensmodifikation

Verhaltensmodifizierende Maßnahmen in Kombination mit Medikamenten stellen eine bewährte Interventionsmöglichkeit für ADHS-Kinder dar (vgl. Siegler et al., 2011). Seit den 1970er Jahren sind kognitive Verhaltensmodifikationen in Form von Selbstinstruktionstrainingsmaßnahmen üblich, um eine Verbesserung der kognitiven Steuerung des Verhaltens zu erreichen (Hillenbrand, 2002). Es kann davon ausgegangen werden, dass mit verhaltens-modifizierenden Maßnahmen ohne entsprechende Medikation keine oder nur unzureichende Effekte erzielt werden. Ohne Medikation besteht somit kaum eine Aussicht auf Verbesserung der ADHS-Kernsymptomatik (vgl. Ellinger & Fingerle, 2008).

4.8.2.1 Förderung der exekutiven Funktionen

Eine Interventionsmöglichkeit, mit der das Verhalten von Kindern modifiziert werden kann, ist die Förderung der exekutiven Funktionen. Exekutive Funktionen lassen sich in Hinblick auf deren Förderung in kalte und heiße exekutive Funktionen unterteilen: „Kalte exekutive Funktionen beziehen sich auf kognitive Leistungen wie Arbeitsgedächtnis, kognitive Umstell-fähigkeit und Problemlösen. Sie umfassen eher abstrakte, kontextunabhängige Aspekte kognitiver Regulation. Heiße exekutive Funktionen dagegen beziehen sich auf die Regulation von Handeln und Entscheiden in Abhängigkeit von Motivation, Belohnung und der jeweiligen Situation." (Drechsler & Steinhausen, 2013, S. 18) Beim Training der exekutiven Funktionen lassen sich im Allgemeinen drei Arten unterscheiden:

> „Ein rein kognitives Training, ein rein physisches Training und eine Kombination aus physischem und kognitivem Training." (Stöglehner, 2012, S. 12)

Das zum Einsatz kommende Trainingsprogramm im Rahmen dieser Ausarbeitung stellt eine Kombination aus physischen und kognitiven Aufgaben dar.

Mit einem gezielten Training exekutiver Funktionen z.B. durch Spiele und Übungen können insbesondere bei hyperkinetischen Kindern sehr gute Wirkungseffekte erzielt werden (vgl. Kleindienst-Cachay & Schulz, 2011). Die Ergebnisse zahlreicher Untersuchungen mit hyperkinetischen Kindern legen nahe, dass mit einem auf die exekutiven Funktionen gerichtetem Training der Störung vorgebeugt werden oder bei bereits bestehenden Auffälligkeiten der Heilungs- oder zumindest Besserungsprozess gefördert werden kann (vgl. Spitzer & Kubesch,

2010). Durch ein Training der exekutiven Funktionen können neben der kognitiven Leistungsfähigkeit die Lernleistungen, Persönlichkeitsmerkmale sowie soziale Qualifikationen gefördert werden (vgl. Spitzer in Kleindienst-Cachay & Schulz, 2011).

Einige Förderprogramme widmen sich speziell der Förderung einzelner Komponenten der exekutiven Funktionen wie z.B. dem Aufmerksamkeitsverhalten, der Impulskontrollfähigkeit oder der Verbesserung der Gedächtnisspanne. So können verschiedene Defizite, die mit einer HKS einhergehen, gezielt gefördert werden. Bei der Förderung einzelner Komponenten der exekutiven Funktionen kommt es teilweise auch zu einer impliziten Förderung anderer Komponente. So konnten Klingberg et al. (2005) nach einem 5-wöchigen intensiven Arbeitsgedächtnistraining mit 7-12-jährigen ADHS-Kindern neben einer Erweiterung der Gedächtnisspanne signifikante Leistungssteigerungen der Inhibitions- und Aufmerksamkeits-kontrolle nachweisen. Komplexe Arbeitsgedächtnisaufgaben stellen in solchen Trainingsmaßnahmen zusätzlich eine hohe Anforderung an die allgemeine Aufmerksamkeits- und Impulskontrolle (vgl. Margelisch, 2014). So ist davon auszugehen, dass durch Trainingsmaßnahmen des Arbeitsgedächtnisses auch andere kognitive Basisfunktionen gestärkt werden.

4.8.2.2 Operante Konditionierung und kognitive Modellierung

Operante Methoden gehen auf das Paradigma der operanten Konditionierung von Skinner (1938) zurück. Er ging davon aus, dass die meisten wichtigen Verhaltensweisen von Menschen operant sind. Lernen durch operantes Konditionieren basiert auf der Auffassung, dass die Wahrscheinlichkeit für ein erneutes Auftreten von Verhalten von den Verhaltenskonsequenzen bestimmt wird (vgl. Lefrancois, 2006). Die Verhaltenskonsequenzen werden dem Kind in Form von Verstärkern in Aussicht gestellt, wodurch es zu regelkonformem Verhalten angehalten wird. Durch die Grundlagenforschung wird offensichtlich, dass operante Methoden das Potenzial zur Verhaltensänderung haben (vgl. Borg-Laufs, 2001).

Kendall & Zupan (1981) weisen auf verschiedene Studienergebnisse hin, die belegen, dass sich durch den Einsatz operanter Methoden die Wirksamkeit von Trainingsprogrammen erheblich verbessern lässt (vgl. Lauth & Schlottke, 2002). Somit kann davon ausgegangen werden, dass spezifische Verhaltensschwierigkeiten modifiziert werden können. Dazu sollte das erwünschte Verhalten kontinuierlich verstärkt werden, damit neue angemessene Verhaltensweisen gefestigt werden können (vgl. Lefrancois, 2006).

Eine weitere Möglichkeit zur Verhaltensmodifikation besteht beim Einsatz der Methode der kognitiven Modellierung. Mit dieser Methode kann die Impulskontrollfähigkeit auf- bzw. ausgebaut werden. Meichenbaum (1979) konnte nachweisen, dass impulsive Kinder im Gegensatz zu reflexiven keine Regeln für ein situationsangemessenes Verhalten verinnerlichen. Sie zog in Betracht, impulsive Kinder anzuregen oder anzuleiten, differenziert zu sich selbst zu sprechen, bevor sie handeln (vgl. Lückert & Lückert, 1994). Das Ziel besteht darin, eine durch Selbstanweisungen verbesserte Kontrolle der Handlungen in kritischen Situationen zu ermöglichen (vgl. Lauth & Schlottke, 2002).

4.9 Förder- und Einflussmöglichkeiten mit Hilfe von Begleithunden

Übungen mit einem Hund können optimal zur Förderung des Aufmerksamkeitsverhaltens, der Konzentrationsfähigkeit, der Impulskontrolle und der Verbesserung des Gedächtnisses eingesetzt werden. Insbesondere die Verbesserung der Konzentration und die Erweiterung der Aufmerksamkeitsspanne kann im Zusammenhang mit einem Tier (Hund) herbeigeführt werden (vgl. Vernooij & Schneider, 2010).

Forschungsergebnisse aus dem Bereich der Tiergestützten Pädagogik sowie Therapie, insbesondere bei Kindern mit Aufmerksamkeitsstörungen, sind rar. Die bisherigen Ergebnisse lassen aber auf eine generelle Milderung der ADHS-Symptome schließen (vgl. Prothmann, 2012). Einige der wenigen Forscher, die sich mit diesem jungen Forschungsgebiet beschäftigen, konzentrieren sich speziell auf Auswirkungen auf das Aufmerksamkeitsverhalten und die Konzentrationsfähigkeit, was anhand folgender Studien illustriert werden soll:
In dem Pilotprojekt „Konzentration mit Hund“ (vgl. Kap. 2.7.2) wurden kombinierte Übungen eines bereits bewährten Konzentrationstrainings (Ettrich, 1998/2004) für Kinder des Vorschulalters und der 1./2. Klasse mit ADHS-Symptomatiken unter der Anwesenheit von und Interaktion mit Hunden durchgeführt. Der Gesamtinterventionszeitraum des Projekts betrug fünf Wochen. Ziele waren der Erwerb einer adäquaten Arbeitshaltung, der sorgfältige Umgang mit Zeitressourcen und das Training von überlegten, sauber ausgeführten Lösungen. Die Kinder sollten lernen, ihre Aufgaben selbstständig zu organisieren, ihre Leistungen realistisch einzuschätzen und mit Hilfe von Selbstinstruktionstechniken Aufgaben vollständig zu lösen. Anstatt der von Ettrich vorgegebenen Entspannungsübungen wurden Entspannungs-sequenzen mit einem Hund zwischengeschaltet. Am Ende jeder Stunde stand eine Bewegungseinheit oder ein Spiel mit einem Hund als Verstärker. Die Forscher konnten insgesamt signifikante positive Effekte messen und eine tendenzielle Verbesserung der Impulskontrolle feststellen (vgl. Beetz, 2012b; Beetz & Saumweber, 2013). In einer Studie von Gee et al. (2012) wurde festgestellt, dass die Fehleranzahl bei der Bearbeitung verschiedener schulischer Aufgaben bei Anwesenheit eines Hundes abnahm (vgl. Beetz, 2010). Eine zweite Studie der Forschergruppe (2009) bestätigte, dass die Probanden weniger Hilfestellungen bei der Lösung von Gedächtnisaufgaben benötigten, wenn sich ein Hund im Raum befand (Julius et al., 2014). Hediger & Turner (2014) stellten in einer Studie mit 24 Schülern im Alter von 10-14 Jahren fest, dass bei der Anwesenheit eines Therapiehundes in einem Gedächtnistest signifikant bessere und in einem Konzentrationstest bessere Ergebnisse erzielt worden, als wenn

kein Hund bzw. ein Stoffhund zugegen war. Im Rahmen einer Evaluationsstudie im Jahr 2008 konnte Prothmann (2012) eine Forschungshypothese bestätigen, die besagt, dass die ausgleichende und beruhigende Wirkung eines Hundes zu einer individuellen Steigerung der Konzentrationsleistung auch bei hyperkinetischen Kindern und Jugendlichen führt. In der Prä-Post-Untersuchung mit 45 Probanden im Alter von 8-20 Jahren, unter der sich auch eine Testgruppe von hyperkinetischen Kindern und Jugendlichen befand, kam der Konzentrationstest d2 (Brickenkamp et al.) zum Einsatz. Die Forscherin stellte abschließend fest, dass der Hund keinesfalls zur Ablenkung oder Zerstreuung der Kinder, sondern zu einer signifikanten Steigerung der Konzentrationsleistung beiträgt. Die Forschungsergebnisse lassen sich durch weitere praktische Erkenntnisse über Auswirkungen auf das Aufmerksamkeitsverhalten von Schülern beim Einsatz von Schulhunden untermauern. Danach kommt es bei Anwesenheit eines Hundes im Schulunterricht laut Erfahrungsberichten von Lehrkräften u.a. zu einer vermehrten sowie verbesserten Aufmerksamkeit und weniger auffälligem Verhalten von Schülern (vgl. Beetz, 2012b; Greiffenhagen & Buck-Werner, 2011; Schwarzkopf & Olbrich, 2002).

Die vorgestellten Studienergebnisse lassen darauf schließen, dass ein Begleithund auch im Rahmen eines Interventionsprogramms dazu beitragen kann, dass sich Kinder besser auf die Bearbeitung von Aufgaben konzentrieren können und insgesamt ein aufmerksameres Verhalten zeigen. Der Schwerpunkt der Tiergestützten Forschung im kognitiven Bereich liegt im Aufbau der Konzentrationsfähigkeit und des Aufmerksamkeitsverhaltens. Verbesserungen der Gedächtnisleistung sowie der Impulskontrollfähigkeit werden hingegen als positive Nebeneffekte angesehen. Mit Hilfe des Trainingsprogramms „TPP“ soll versucht werden neben der speziellen Förderung des Aufmerksamkeitsverhaltens auch die Gedächtnisleistung und die Impulskontrollfähigkeit durch geeignete Übungen und Methoden aufzubauen.

5 Forschungsprojekt

In diesem Kapitel werden der Forschungsansatz sowie die Forschungsziele des Forschungsprojektes beschrieben. Des Weiteren wird eine detaillierte Beschreibung des Forschungsdesigns abgegeben. Es umfasst Aussagen über eine begründete Auswahl der Forschungsmethodik, des Replikationsverfahrens und des Versuchsplans. Des Weiteren werden neben der Aufstellung der Hypothesen, die Erhebungsmethode, die zum Einsatz kommenden Messinstrumente sowie die Methoden zur Datenauswertung vorgestellt und beschrieben. Das Kapitel endet mit Ausführungen über den Rekrutierungsprozess potentieller Probanden von der Zielgruppenbestimmung bis zum Erstgespräch.

5.1 Forschungsansatz

Der Forschungsansatz für die vorliegende Studie ergibt sich aus einem von Prothmann (2012) theoretisch entwickeltem Modell eines Parcoursspiels sowie aus Verhaltensbeobachtungen im Rahmen eines Agilitytrainings aus der ergotherapeutischen Praxis von Petermann (1997). In beiden Fällen, geht es um ein Training bei dem hyperkinetische Kinder einen Begleithund durch einen Parcours führen. Des Weiteren wird die Motivation zur Umsetzung des Forschungsvorhabens durch eine Aussage von Breitenbach (2014) bekräftigt, der die Auffassung vertritt, dass für aufmerksamkeitsgestörte Kinder die Lernsituationen erleichtert werden können, wenn Bewegungsmöglichkeiten geschaffen werden. Das auf diese Weise angehobene Aktivierungsniveau ermöglicht es den Kindern aufmerksam zu arbeiten und zu lernen. Kliphard (1993) geht bei seinen Überlegungen zur ADHS-Problematik von der Unteraktivierungsthese aus (vgl. Wohnhas-Baggerd, 2008). So kann davon ausgegangen werden, dass mit einem Parcourstraining der Unteraktivierung der betroffenen Kinder entgegen gewirkt werden kann.

Prothmann (2012) beschreibt ein theoretisches Konzept eines Parcourstrainings mit möglichen Wirkfaktoren. Es beinhaltet kein Förderprogramm oder spezifische Übungen. Allgemein wird in diesem Konzept die Kommandoarbeit mit dem Hund und speziell ein Parcoursspiel für die Veränderung von Verhaltensmustern und die Verbesserung der Konzentration von hyperkinetischen Kindern als besonders geeignet angesehen. Mit einem Parcoursspiel können jene Bereiche trainiert werden, die ihnen große Probleme bereiten, dazu gehören u.a.: Exekutivfunktionen, Konzentration, Selbstkontrolle, Kommunikation, Einfühlungsvermögen, Perspektivwechsel, soziale Fertigkeiten, räumliche Wahrnehmung und Raumempfinden. In folgendem Phasenmodell geht Prothmann auf die umzusetzenden Handlungen ein und nennt für jede Phase entsprechende Lernziele:

Phase	Handlungen	Lernziele
1. Ausdenken des Parcours	- Auswahl der Geräte (z.B. Tunnel, Brücken und Hürden) - Entwurf des Parcours	- Handlungsplanung - Problemlösefähigkeit - Konzentrationsfähigkeit
2. Aufbau des Parcours	- Sinnvolle Anordnung der Geräte - Festlegung der Signale, die an den Hund gegeben werden - Hilfestellung anfragen	- Vorausschauendes Denken - Räumliche Wahrnehmung - Konzentrationsfähigkeit
3. Probelauf des Kindes	Kind durchläuft den selbstgebauten Parcours und nimmt ggf. Korrekturen vor	- Perspektivübernahme - Selbstkontrolle - Konzentrationsfähigkeit
4. Training mit Hund	Kombination von geplanten verbalen und nonverbalen Signalen an den Hund	- Merkfähigkeit - Konzentrationsfähigkeit - Kommunikationsfähigkeit

Tab. 7: Training spezifischer Fähigkeiten beim Parcoursspiel (vgl. Prothmann, 2012)

Beim Parcoursspiel soll das Kind lernen, den Hund ohne Leine - nur anhand von Worten und körpersprachlichen Zeichen - durch einen selbst entwickelten Parcours zu bewegen. Dafür ist ein stabiles Vertrauensverhältnis sowie eine funktionierende Kommunikation zwischen Kind und Hund notwendig. Die Kinder sollten vom Pädagogen bzw. Therapeuten eine klare Struktur vorgegeben bekommen, die sie bei der Planung und Durchführung des Parcoursspiels unterstützt. Da sich das Kind oft nicht vorstellen kann, was die Aufgabe für den Hund bedeutet, sollte es nach Planung und Errichtung den Parcours erst einmal alleine durchlaufen. So kann es die Perspektive des Hundes einnehmen (vgl. Prothmann, 2012). Außerdem kann es genauer planen, zu welchen Zeitpunkten entsprechende Kommandos und Belohnungen notwendig sind. Hyperkinetische Kinder können eine 30-minütige freie Spielphase oft nicht ausreichend sinnvoll füllen (vgl. Prothmann, 2012), demnach sollte ein Konzentrations- und Verhaltenstraining mit Hunden für hyperkinetische Kinder nicht als freie, sondern als gelenkte Interaktion organisiert werden.

Schwarzkopf & Olbrich (2003) berichten aus der ergotherapeutischen Praxis über den Einsatz eines Begleithundes u.a. bei Kindern mit Aufmerksamkeits- und Konzentrationsproblemen und überaktiven Kindern. So richtet sich bei einem Agilitytraining die ganze Aufmerksamkeit des Kindes auf den Hund, da es ihm im richtigen Moment adäquate Kommandos erteilen und Belohnungen geben muss, um den Parcourslauf erfolgreich durchführen zu können. Neben der konzentrierten Aufmerksamkeit konnte beobachtet werden, dass die Kinder beim Training mit dem Hund ihren Impulsen nicht nachgeben, so wie sie es für gewöhnlich taten, wenn sie den Agilityparcours ohne Hund absolvierten.

Wie eingangs erwähnt, stellen das in diesem Abschnitt beschriebene Modell sowie die beschriebenen Beobachtungen aus der ergotherapeutischen Praxis den Forschungsansatz des geplanten Forschungsprojekts dar. In beiden Fällen wird davon ausgegangen, dass sich allein durch das Führen des Hundes durch einen Parcours das Verhalten von hyperkinetischen bzw. überaktiven Kindern modifizieren lässt. Als mögliche Ursachen können die in Kapitel 2.5.2 beschriebenen Wirkungen eines Tieres auf das psychische Wohlbefinden angesehen werden. Auch wenn dies für den Zeitraum einer ergotherapeutischen Sitzung gelten mag, stellt sich die Frage, inwieweit sich nach solchen Trainingssitzungen das Verhalten der Betroffenen im Alltag ändert. Die Wirksamkeit eines pädagogischen, ergotherapeutischen oder psycho-therapeutischen Programms wird in der Regel daran gemessen, ob und in welchem Ausmaß sich Transfereffekte in den relevanten Lebensbereichen einstellen (z.B. dem schulischen und häuslichen Bereich). Außerdem stellt sich eine weitere Frage, die sich auf den Aufbau und die Zielsetzung des Parcoursspiels bezieht: Sollte oder müsste ein Tiergestütztes Interventionsprogramm, welches gezielt auf die Abmilderung von ADHS-Symptomatiken ausgerichtet ist, nicht auch zielgerichtete Übungen beinhalten? Um für ein solches Interventionsprogramm Wirksamkeitsnachweise erbringen zu können, müssten in der Folge entsprechende Messinstrumente eingesetzt werden, die im Fall des ergotherapeutischen Trainings offensichtlich nicht zum Einsatz kamen.

5.2 Forschungsziele

Im Gegensatz zu den im vorangegangen Abschnitt vorgestellten Parcoursspielen soll der Begleithund im „Tiergestützten Pädagogisches Parcourstraining" (TPP) als Mittel zur Förderung der exekutiven Funktionen fungieren. Das Trainingsprogramm, welches in einer separaten Monographie im Jahr 2018 erscheinen wird, soll eine Möglichkeit darstellen, mit Hilfe des Begleithundes und spezieller Übungen defizitäre exekutive Funktionen von Kindern im Allgemeinen und von hyperkinetischen Kindern im Speziellen zu verbessern. So kann z.B. die Aufmerksamkeit nicht nur explizit, sondern auch implizit gefördert werden. Im Rahmen der Forschungsarbeit soll versucht werden, mit ausgewählten Instrumenten die Wirksamkeit des Förderprogramms „TPP" mit pädagogischen Begleithunden zur Förderung der exekutiven Funktionen von hyperkinetischen Kindern in drei Einzelfällen nachzuweisen. Des Weiteren wird mit der Studie das Ziel verfolgt, neue Erkenntnisse auf dem Gebiet der Tiergestützten Förderung von hyperkinetischen Kindern zu sammeln, und ein Tiergestütztes Förderprogramm mit zielgerichteten Übungen zur Verbesserung der exekutiven Funktionen zu entwickeln und in der Praxis zu erproben. Mit der Durchführung des Trainingsprogramms soll im Detail überprüft werden, ob sich Verbesserungen im Hinblick auf das Arbeitsgedächtnis, die Impulskontrollfähigkeit und das Aufmerksamkeitsverhalten der Probanden feststellen lassen.

5.3 Forschungsdesign

5.3.1 Untersuchungsart

Um neue Erkenntnisse auf dem Forschungsgebiet der Tiergestützten Pädagogik zu gewinnen und einen Einblick in das Zusammenwirken der Vielzahl von Faktoren zu erhalten, die bei einem Tiergestützten Förderprogramm von Bedeutung sind, ist eine hypothesenprüfende Einzelfallstudie geplant. Diese Untersuchungsart bezieht sich bei einem überwiegenden Teil der durchgeführten Untersuchungen auf Personen und seltener auf andere Forschungsobjekte, wie z.B. eine Schulklasse oder eine Familie (vgl. Bortz & Döring, 2006). Einzelfall-untersuchungen werden am häufigsten in der pädagogischen, sonderpädagogischen und klinischen Forschung angewandt (vgl. Petermann, 1996). Der Forschungsgegenstand kontrollierter Einzelfallstudien in der sonderpädagogischen Praxis ist meist der Aufbau oder die Änderung des Verhaltens von Schülern mit sonderpädagogischem Förderbedarf (vgl. Julius et al., 2000). Sie kommt häufig dann zum Einsatz, wenn es um Verhaltens-modifikationen sowie Verhaltenstherapien geht (vgl. Kern, 1997). So besteht in einer Einzelfalluntersuchung z.B. die Möglichkeit, Verhaltensmodifikationen über die zu überprüfenden Hypothesen hinaus festzustellen. Außerdem liefern einzelfallorientierte Interventionsstudien oftmals brauchbare Trainings-, Förder- oder Therapiemaßnahmen für die praktische Arbeit (vgl. Kern, 1997; Petermann, 1989).

> „Einzelfallstudien zeichnen sich gegenüber Stichprobenuntersuchungen durch eine bessere Überschaubarkeit des Untersuchungsumfeldes und damit durch eine bessere Kontrollierbarkeit potenzieller Störvariablen aus; sie eignen sich besonders zur Erkundung psychologischer, medizinischer, pädagogischer oder ähnlicher Hypothesen." (Bortz & Döring, 2006, S. 580)

Eines der gewichtigsten Argumente, welches gegen diese Forschungsart spricht, ist die fehlende bzw. unzureichend gegebene Möglichkeit der Generalisierung bzw. der Klientengeneralitiät gewonnener Erkenntnisse (vgl. Kern, 1997). Eine kontrollierte Einzelfallstudie ist allerdings für das geplante Forschungsvorhaben gegenüber einer Gruppenstudie vorzuziehen, da u.a. das Verhalten des Probanden in einem Einzelsetting genauer beobachtet und analysiert werden kann. Außerdem handelt es sich bei dem Interventionsprogramm um eine neue Zusammenstellung von Übungen in einem Trainingsmanual, das mit einzelnen Versuchsteilnehmern auf die praktische Umsetzbarkeit und Wirksamkeit überprüft werden soll. Bei der Auswahl der Forschungsstrategie ist zudem zu berücksichtigen, dass die Tiergestützte Pädagogik bzw. Therapie auf eine vergleichsweise junge Forschungsgeschichte zurückblickt (vgl. Greiffenhagen & Buck-Werner, 2011), und somit nur eine geringe Anzahl empirisch erhobener Vergleichsdaten vorliegt. Für das Tiergestützte Parcourstraining, welches dem sonderpädagogischen Bereich zugeordnet werden kann, liegen bisher noch keine vergleichbaren Studienergebnisse vor.

Mit den aus der Studie gewonnen Erkenntnissen soll die Möglichkeit geschaffen werden, für eine rein quantitativ ausgerichtete Studie spezifische Hypothesen zu formulieren und mit einer angemessenen Stichprobengröße zu arbeiten (vgl. Lamnek, 2010). Petermann (1989) weist ebenfalls darauf hin, dass eine Einzelfallanalyse die Vorstufe zu einer Gruppenanalyse darstellt. Lohaus (1983) merkt in diesem Zusammenhang an, dass mit Einzelfallanalysen die Aufmerksamkeit auf vernachlässigte Phänomene in der Forschung gelenkt werden soll, und dass sich durch ihren Einsatz Hypothesengerüste für die weitere Forschung gewinnen lassen.

5.3.2 Replikationsverfahren

Das Tiergestützte Trainingsprogramm soll nach der ersten Intervention zweimal repliziert werden. Als Replikationsverfahren in Einzelfallstudien schlägt Sidmann (1960) entweder eine direkte oder eine systematische Replikation vor, die sich in ihren experimentellen Vorgehensweisen und ihren grundsätzlichen Zielausrichtungen (Verifikation und Falsifikation) unter-scheiden. So versucht man mit einer systematischen Replikation Ausnahmen zu finden bei denen, sich die Interventionswirkung nicht einstellt. Dazu werden die Vorgaben und/oder Variablen des Erstexperiments in den Wiederholungsexperimenten variiert. Dies kann entweder das Setting, den Versuchsleiter, die Symptomatik der Probanden oder die im Interventionsmanual enthaltenden Übungen betreffen (vgl. Julius et al., 2000). Barlow & Hersen (1984) empfehlen diesbezüglich stets nur eine Variable zu einem Zeitpunkt zu verändern, um einen möglichen Einfluss auf das Ergebnis des Experiments zu identifizieren. Mit der direkten Replikation wird das Ziel verfolgt, nach einer ersten erfolgreichen Intervention deren Wirksamkeit bei weiteren Probanden zu überprüfen. Dabei werden im Gegensatz zur systematischen Replikation alle Vorgaben und Variablen konstant gehalten. Für die Durchführung einer systematischen Replikation wird empfohlen, vorab die direkte Replikation durchzuführen. Für die geplante Einzelfallstudie werden somit das Interventions-Setting und die experimentelle Vorgehensweise konstant gehalten und idealerweise vergleichbare Probanden, die demselben ADHS-Subtyp zugeordnet werden können, rekrutiert (vgl. Julius et al., 2000).

5.3.3 Versuchsplan

In Hinblick auf die Fragestellung der Studie und die Aussagekraft der Ergebnisse kommen vier in der Literatur erwähnte Versuchspläne in die engere Auswahl: ein A-B-A-B-Plan, ein alternierender Plan, ein A-B-Plan sowie ein A-B-E-Plan. Das Trainingsprogramm mit einer zwischengelagerten Baseline-Phase, wie es bei einem A-B-A-B-Plan praktiziert wird, kann als in der Praxis schwer umsetzbar ausgeschlossen werden. Erziehungsberechtigte von Studienteilnehmern ziehen in der Regel eine zusammenhängende Interventionsphase vor. Mit dem alternierenden Versuchsplan besteht die Möglichkeit, Veränderungen der abhängigen Variablen mit Blick auf den Einsatz des Begleithundes genauer zu untersuchen, indem in der Interventionsphase die Trainingsstunden im Wechsel (mit Hund und ohne Hund) stattfinden. Auch dieser Plan ist in der Praxis schwer umsetzbar, da es den Eltern potentieller Studienteilnehmern besonders um die Zusammenarbeit des Kindes mit dem Hund geht. Die Entscheidung fällt somit für einen basalen Versuchsplan (A-B-E-Plan), da dieser einen kontinuierlichen Trainingsverlauf ohne Veränderungen der Trainingssitzungen oder wechselnde Phasen während der Intervention beinhaltet und eindeutigere Aussagen über die Wirksamkeit einer Intervention zulässt als ein einfacher A-B-Plan (vgl. Kern, 1997).

5.3.4 Hypothesen und potentielle Störquellen

Die Arbeit beinhaltet drei unspezifische Hypothesen (H), die sich einzelnen Teilbereichen der exekutiven Funktionen zuordnen lassen, zu denen das Arbeitsgedächtnis (H1), die Aufmerksamkeit (H2) sowie die Impulskontrolle (H3) gehören. Der für die Nullhypothese (H0) erforderliche Zusatz ist kursiv geschrieben.

(H1): Nach einer Tiergestützten Intervention kommt es zu *keiner* / einer signifikanten Steigerung des Arbeitsgedächtnisses bzw. der Merkfähigkeit (visuelles und auditives Merken).

(H2): Nach einer Tiergestützten Intervention kommt es zu *keinen* signifikanten Veränderungen der Aufmerksamkeitsleistung (auditive und visuelle Aufmerksamkeit).

(H3): Nach einer Tiergestützten Intervention ist *keine* / eine signifikante Verbesserung der Impulskontrolle feststellbar.

Die unabhängige Variable (Interventionsprogramm) wird im Hinblick auf ihre Wirkung auf die abhängigen Variablen (Arbeitsgedächtnis, Aufmerksamkeit und Impulskontrolle) untersucht. Alle drei Nullhypothesen werden in Hinblick auf den häuslichen Bereich (H0.1), schulischen Bereich (H0.2) sowie den Bereich der Trainings- bzw. Testsituation (H0.3) überprüft. Zu drei Messzeitpunkten werden dazu Daten mit den zum Einsatz kommenden Mess- bzw. Erfassungsinstrumenten generiert und Veränderungen der abhängigen Variablen kontrolliert (vgl. Julius et al., 2000). Versuchsleitereffekte oder andere Störquellen, wie z.B. verschiedene Tage und Tageszeiten, an denen das Trainingsprogramm stattfindet, werden möglichst konstant gehalten. Das Training wird auf Video aufgezeichnet, um das Verhalten während der Trainingssituation analysieren zu können. Es soll versucht werden, mögliche Störvariablen, die im schulischen oder häuslichen Umfeld des Kindes auftreten können, mit den Interviewbögen im Vorfeld zu erfassen und weitgehend zu kontrollieren. Die zum Einsatz kommenden Tagebücher können neben den registrierten Häufigkeiten des auftretenden Verhaltens Informationen über Störquellen aus dem schulischen und häuslichen Bereich liefern. Weitere detaillierte Angaben zur Datenaufzeichnung und -auswertung werden in Kapitel 5.3.7 vorgenommen.

5.3.5 Erhebungsmethode

„Einzelfallstudien sind sowohl in der quantitativen wie qualitativen Forschung zu finden." (Mey & Wenglorz, 2005, S. 497) Sie haben zum Ziel, ein ganzheitliches und damit realistisches Bild der sozialen Welt zu zeichnen. Um dabei zu gewährleisten, dass alle bedeutsamen Aspekte, Dimensionen, Facetten etc. eines Untersuchungsobjektes im Blick auf das Untersuchungsziel erfasst werden, sollten verschiedene Erhebungsmethoden (Methodentriangulation) zum Einsatz kommen (vgl. Lamnek, 2010). Kelle (2008) versteht unter der Triangulation methodenintegrative Designs, die sich wiederum in sequentielle und parallele Designs differenzieren lassen. Ein paralleles Design mit qualitativen sowie quantitativen Erhebungsmethoden scheint das geeignete und bietet bei der Untersuchung derselben Person zum selben Zeitpunkt mit unterschiedlichen Verfahren den Vorteil, neue Erkenntnisse zu gewinnen und ein geschlossenes Bild der Untersuchungseinheit zu erhalten (vgl. Lamnek, 2010). Um einen mehrperspektivischen Zugang im Sinne der Triangulation (vgl. Mey & Wenglorz, 2005) zum Forschungsfeld der tiergestützten Interventionen zu ermöglichen, kommen dementsprechend in der vorliegenden Studie qualitative und quantitative Erfassungsinstrumente zum Einsatz.

5.3.6 Erhebungsinstrumente

Bei den ausgewählten Erhebungs- bzw. Erfassungsinstrumenten handelt es sich um eine Auswahl von psychometrischen Tests, standardisierten Fragebögen, halbstrukturierten Interviews (mit Audioaufzeichnungen) und Verhaltensbeobachtungen (mit Videoaufzeichnungen). Döpfner et al. (2008) bezeichnen, neben klinischen Interviews objektive Testungen, Eltern- und Lehrerfragebögen sowie Verhaltensbeobachtungen als Goldstandard zur Diagnostik von ADHS. So ist davon auszugehen, dass sich solche Erfassungsinstrumente auch für den verlaufsdiagnostischen Prozess im Rahmen einer Studie eignen. Um die Entwicklung des jeweiligen Kindes besser beurteilen zu können, findet über den gesamten Förderzeitraum eine unmittelbare Beobachtung mittels täglicher Verhaltensaufzeichnungen und einer wöchentlichen Videoaufzeichnung der Trainingssitzung statt. So können weitere qualitative und quantitative Daten gesammelt werden, um Rückschlüsse auf die Wirksamkeit der Intervention in Hinblick auf die formulierten Hypothesen zu ziehen.

Folgende Abbildung zeigt die Erhebungs- bzw. Erfassungsinstrumente, die zu den verschiedenen Testzeitpunkten sowie phasenübergreifend zum Einsatz kommen:

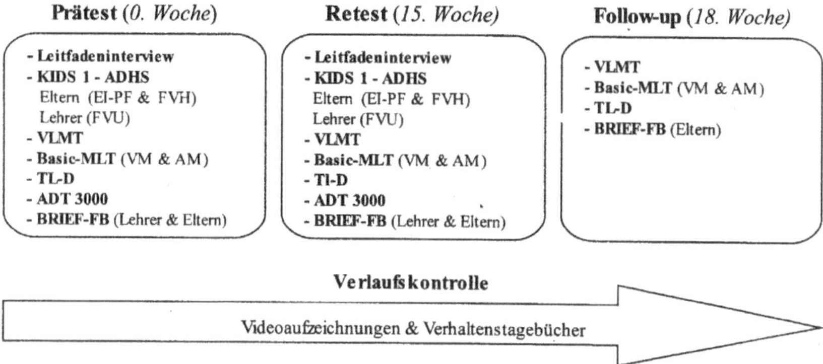

Abb. 9: Überblick über Erfassungsinstrumente im Untersuchungszeitraum

Nach dem ersten Testzeitpunkt (Prätest) beginnt eine 3-wöchige Baseline-Phase, die durch eine 12-wöchige Interventionsphase abgelöst wird. Die Interventionsphase endet mit einem ersten Retest, auf den eine 3-wöchige Follow-up-Phase folgt, deren Ende mit einem zweiten Retest bzw. Follow-up-Test markiert wird. Im Verlauf werden die erhobenen quantitativen Daten mit einem Signifikanztest, der abhängige Messungen zulässt, überprüft. Dafür bietet sich der X^2-Test an, der zur Kontrolle therapeutischer oder anderer Maßnahmen zum Einsatz kommt, und die Möglichkeit bietet, Testwerte bei wiederholter Testanwendung mit Referenz-profilen zu vergleichen (vgl. Bortz & Döring, 2006). Einige der Messinstrumente verfügen über Profile von Referenzpopulationen, die den Individualprofilen gegenübergestellt werden. Bei der Zusammenstellung und Zuordnung der Messinstrumente wurde mit Blick auf die Wiederholungsmessungen das jeweilige Retest-Intervall berücksichtigt. Eine genaue Beschreibung der methodischen Vorgehensweise zur Auswertung der erhobenen Daten findet sich in Kapitel 5.3.7.

In den folgenden Abschnitten werden die Testinstrumente (T) nach der Reihenfolge der zu überprüfenden Hypothesen (H) benannt und beschrieben.

5.3.6.1 Hypothesenübergreifende Instrumente

Hypothesenübergreifend (T1-T3) werden mögliche Änderungen des Verhaltens in der Feld-situation auf Video aufgezeichnet. Das Videomaterial wird daraufhin einer Sequenzanalyse unterzogen, um Verhaltensauffälligkeiten während der Trainingssitzungen zu registrieren. Dabei werden insbesondere das impulsive Verhalten sowie das Aufmerksamkeitsverhalten registriert. Zur Erfassung der Merkfähigkeit wird eine Lernverlaufskurve über den Interventionszeitraum aufgezeichnet, an der die richtig gelösten Aufgaben je Trainingseinheit zu erkennen sind.

Zu Beginn und zum Ende jeder Einzelfallbeobachtung werden mit dem teilnehmenden Kind, den Eltern und dem Lehrer halbstrukturierte Interviews geführt, um eine breit angelegte Datenbasis zu schaffen, und im Vorfeld festzustellende Störvariablen ausfindig zu machen. Des Weiteren werden zur Kontrolle der häuslichen und schulischen Verhaltensweisen in Bezug auf die Hypothesen, sowie zur Erfassung der Störvariablen innerhalb der beiden Lebensbereiche, über die gesamte Studienphase Verhaltenstagebücher geführt. Das häusliche Verhaltenstagebuch wird von den Eltern und das schulische vom Klassenlehrer des jeweiligen Kindes geführt. Die registrierten Häufigkeiten des Auftretens von Unaufmerksamkeit und Impulsivität werden in Diagrammen festgehalten und visuell sowie statistisch ausgewertet.

Das Kerninstrument der Studie ist das Verhaltensinventar zur Beurteilung exekutiver Funktionen (BRIEF, Drechsler & Steinhausen, 2013). Das Verhaltensinventar geht auf eine Studie über exekutive Funktionen bei Kindern mit ADHS zurück. Es besteht aus zwei Indices, einem Verhaltensregulations-Index, der sich aus den Skalen Hemmen, Umstellen und Emotionale Kontrolle zusammensetzt sowie einem kognitiven Regulations-Index, der die Skalen Initiative, Arbeitsgedächtnis, Planen/Strukturieren, Ordnen/Organisieren und Überprüfen umfasst. Das Instrument beinhaltet drei Fragebögen, zur Selbstbeurteilung durch das Kind (BRIEF-SB) und zur Fremdbeurteilung durch die Eltern (BRIEF-Eltern) und die Lehrer (BRIEF-Lehrer). Der BRIEF-SB ist für Kinder ab dem 11. Lebensjahr konzipiert und ist somit für die Messung der exekutiven Funktionen aufgrund des

Alters der Probanden nicht einsetzbar (vgl. Kap. 5.4.2). Die Fremdbeurteilungsbögen BRIEF-Lehrer und BRIEF-Eltern mit einem Retest-Intervall von drei Wochen werden für zwei bzw. drei Messzeitpunkte genutzt.

Zur hypothesenübergreifenden Erfassung der Probleme im häuslichen und schulischen Umfeld kommen des Weiteren drei Fragebögen aus dem Kinder-Diagnostik-System (KIDS, Döpfner, Lehmkuhl & Steinhausen, 2006) zum Einsatz:

(1) Zur Erfassung von Verhaltensauffälligkeiten in 17 alltäglichen Familiensituationen wird mit den Eltern der Probanden das halbstrukturierte Interview über Problemsituationen in der Familie (EI-PF, Döpfner, 2002) geführt. So können verschiedene besonders problematische Situationen im familiären Alltag ausfindig gemacht, und nach Häufigkeit des auftretenden Problemverhaltens und der Problemintensität der jeweiligen Situation bewertet werden. Die Problemintensität wird auf einer zehnstufigen Skala gemessen, um einen Prä-Retest-Vergleich zu Veränderungen der Problemstärke vornehmen zu können.

(2) Der Fragebogen über Verhaltensprobleme bei den Hausaufgaben (ADHS-FVH, Döpfner, 2002), dient dazu detaillierte Informationen über die Hausaufgabensituation zu eruieren. Im Mittelpunkt der Betrachtung steht die schwerpunktmäßige Beurteilung der Hausaufgaben-situation nach Vermeidungs- oder Durchführungsproblemen. Dabei lassen sich die Vermeidungsprobleme in Vermeidungs- und Verhinderungsstrategien unterteilen. Der Bogen wird qualitativ ausgewertet, um Veränderungen der Probleme während der Hausaufgaben-erledigung nach der Intervention feststellen zu können.

(3) Mit dem Fragebogen zur Verhaltensbeurteilung im Unterricht (FVU, Döpfner, 2002) kann das im Unterricht gezeigte Arbeitsverhalten erfasst werden. Der Fragebogen beinhaltet 10 Fragen, die hinsichtlich verschiedener Verhaltensmerkmale im Unterricht auf einer vierstufigen Antwort-Skala eingeschätzt werden. Der Fragebogen eignet sich auch zur täglichen oder wöchentlichen Erhebung verlaufsdiagnostischer Daten. Gegen den täglichen oder wöchentlichen Einsatz des Bogens spricht allerdings, dass die Lehrer aufgrund des Arbeitsaufwandes mit der Führung des schulischen Tagebuchs voraussichtlich keinen zusätzlichen Arbeitsaufwand übernehmen werden. Das Messinstrument kommt daher nur bei der Prä- sowie der 1. Retestung zum Einsatz. Zur normativen Auswertung können zwei Skalenwerte ermittelt werden: „Aufmerksamkeitsprobleme“ (Frage 1-6) und „mangelnde Regelbeachtung“ (Frage 7-10) während des Schulunterrichts.

5.3.6.2 Instrumente zur Erfassung der Merkfähigkeit

Die Battery for Assessment in Children – Merk- und Lernfähigkeitstest (BASIC-MLT, Lepach & Petermann, 2008) ist speziell für 6- bis 16-jährige Kinder und

Jugendliche konzipiert, und ist ein Verfahren zur Erfassung globaler sowie modalitäts- und funktionsspezifischer Störungen der Merk- und Lernfähigkeit. Der BASIC-MLT beinhaltet eine Kernbatterie, bestehend aus acht Hauptuntertests: Muster Lernen (ML), Wörter Lernen (WL), Räumliches Positionieren (RP), Zahlenfolgen (ZF), Muster Lernen Delay (MLD), Farbfolgen (FF), Wörter Lernen Delay (WLD) und Geräuschfolgen (GF). Des Weiteren können optional sechs Zusatztests durchgeführt werden: Details Merken (DM), Muster Lernen Wiedererkennung (MLW), Wörter Lernen Wiedererkennung (WLW), Alltagssituationen Merken (AS), Geschichten Merken (GM) und Handlungsfolgen (HF). Überprüft werden die unmittelbare Merkspanne, die Fähigkeit zum Lernzuwachs inklusive Interferenzanfälligkeit, der verzögerte Abruf sowie Wiedererkennungsleistungen. Um eine Wiederholungs-/Verlaufsdiagnostik zu ermöglichen, werden für die Lerntests (ML, MLD, MLW, WL, WLD, WLW) Alternativversionen zur Verfügung gestellt. Als Ergebnis können sowohl ein Gesamtwert (Merk-Quotient) als auch fünf Subskalenwerte ermittelt werden: Aufmerksamkeit und Konzentration (AK), Visuelles Merken (VM), Auditives Merken (AM), Visuelles Lernen (VL) und Auditives Lernen (AL). Die auditiven Untertests werden von einer CD präsentiert, was ein hohes Maß an Standardisierung ermöglicht. Das übersichtliche und kindgerecht gestaltete Material ermöglicht eine praxisnahe und komfortable Durchführung. Bei der Datenerhebung werden folgende Subskalenwerte ermittelt: Visuelles Merken (VM) und Auditives Merken (AM). Aus dem Basic-MLT kommen vier skalenrelevante Untertests - U4: Räumliches Positionieren (RP); U7: Farbfolgen (FF); U5: Zahlenfolgen (ZF); U9: Geräuschfolgen (GF) zum Einsatz, um die T-Werte der beiden Kernskalen visuelle (U4 & U7) und auditive Merkfähigkeit (U5 & U9) zu ermitteln. Für die zum Einsatz kommenden Untertests wird eine Bearbeitungszeit von 20 Minuten veranschlagt.

Zur Messung der auditiven Merkfähigkeit wird zusätzlich der Verbale Lern- und Merkfähigkeitstest (VLMT, Helmstaedter et al., 2001) eingesetzt. Der VLMT erfasst unterschiedliche Parameter des deklarativen Verbalgedächtnisses: die Supraspanne, die Lernleistung, die langfristige Enkodierungs- bzw. Abrufleistung und die Wiedererkennungs-leistung. Mit Maßen zur verbalen Gedächtnisspanne, können so Aspekte des verbalen Kurzzeit- und Arbeitsgedächtnisses erfasst werden. Das Testmaterial besteht aus zwei Wortlisten, die sich aus je 15 semantisch unabhängigen Wörtern zusammensetzen, und einer Wiedererkennensliste. Es existieren zwei Paralleltestformen, so dass ein Wiedererkennungs-effekt bei zwei Folgetestungen ausgeschlossen werden kann. Das Testinstrument lässt auch Messungen individueller Veränderungen in Verlaufsuntersuchungen zu. Die effektive Testdauer beträgt ca. 20 Minuten, inklusive halbstündiger Zeitverzögerung ca. 50 Minuten.

5.3.6.3 Instrument zur Erfassung der Aufmerksamkeit

Zur Feststellung der auditiven und visuellen Aufmerksamkeit wird das Aufmerksamkeits-testgerät (ADT3000) verwendet. Bei dem Testgerät handelt es sich um ein mobiles Gerät. So kann auf den Einsatz eines Bildschirms und Computers während der Untersuchungen verzichtet werden. Das Testgerät enthält einen Satz von auditiven und visuellen Testvarianten, die den gängigen standardisierten Erfassungsmethoden entsprechen. In allen Testarten antwortet das Kind per Tastendruck auf die zuvor definierten "Zielreize". Enthalten sind (1) Vigilanz-Test verbal (Silben) oder nonverbal (Klaviertöne); (2) Test zur kreuzmodalen geteilten Aufmerksamkeit durch Hinzuschalten einer visuellen Aufgabe und (3) Test zur Störschall-Abhängigkeit der Aufmerksamkeit durch unvorbereitetes Einspielen von Alltags-geräuschen. Das Testgerät bietet Testdurchläufe für verschiedene Altersstufen sowie auf unterschiedlichen Schwierigkeitsstufen an. Die Tests dauern zwischen 3 und 8 Minuten und weisen eine Spanne von 72 bis 200 Reizen auf. Auf dem Display des Testgerätes werden mehrere Auswertungsparameter angezeigt, z.B. richtige Antworten in Prozent, Fehlerarten, Median und Standardabweichung der Antwortzeit in Sekunden. Anhand der mitgelieferten Software für den PC können zusätzliche Parameter angezeigt werden (z.B. Testergebnisse im zeitlichen Ablauf). Die beiden Aufmerksamkeitstests, die durchgeführt werden, nehmen ca. 10 Minuten in Anspruch. Angaben zur Auswertung, der mit diesem Gerät erhobenen Rohdaten, erfolgen in Kapitel 7.2.1.5.

5.3.6.4 Instrument zur Erfassung der Impulsivität

Zur Erfassung der Impulsivität wird das Testinstrument „Turm von London“ (TL-D, Tucha & Lange, 2004) eingesetzt. Das Verfahren beruht auf dem Prinzip einer Transformationsaufgabe für Kinder und Jugendliche im Alter von 6 bis 15 Jahren zur Erfassung des konvergenten problemlösenden Denkens. Die Korrelationen der Gesamtleistung im TL-D mit den erhobenen kognitiven Basisleistungen zeigen, dass die Testleistung in einem engen Zusammenhang zu den exekutiven Leistungen, insbesondere der kognitiven Flexibilität, steht und auch Aussagen über die Impulsivität einer Person ermöglicht. Der TL-D besteht aus drei verschiedenfarbigen Kugeln, die auf drei nebeneinander platzierten vertikalen Stäben von unterschiedlicher Länge angeordnet sind. Auf den Stäben ist Platz für eine, zwei oder drei Kugeln. Ziel der Aufgabe ist es, in einer minimalen Anzahl von Zügen, die Kugeln von einem Ausgangszustand in einen vorgegebenen Zielzustand zu überführen. Dabei darf bei jedem Zug jeweils nur eine Kugel versetzt werden. Der Schwierigkeitsgrad der Aufgabe lässt sich anhand der erforderlichen Anzahl von Zügen variieren. Diese Aufgabe erfasst komplexe Planungsprozesse, bei denen eine Vielzahl möglicher Handlungsoptionen erkannt und in der Vorstellung auf ihre Brauchbarkeit hinsichtlich des erwünschten Zielzustandes geprüft werden müssen. Die vorliegende Version des TL-D umfasst 20 Aufgaben unterschiedlichen Schwierigkeitsgrades, die aus jeweils fünf 3-Zug-, 4-Zug-, 5-Zug- und 6-Zug-Problemen bestehen. Die Testdauer beträgt ca. 25 Minuten.

5.3.7 Aufzeichnungs- und Datenauswertungsmethoden

5.3.7.1 Interviews, Fragebögen und psychometrische Tests

Alle im Untersuchungszeitraum geführten halbstrukturierten Interviews sowie einige der verwendeten Fragebögen aus dem Kinder-Diagnostik-System (KIDS, Döpfner, Lehmkuhl & Steinhausen, 2006) werden qualitativ ausgewertet. Als Orientierungshilfe zur Entwicklung der halbstrukturierten Fragebögen dienen neben den Fremdbeurteilungsbögen der Selbstbeurteilungsbogen des Verhaltensinventars BRIEF zur Messung der exekutiven Funktionen des Kindes (vgl. Drechsler & Steinhausen, 2013). Bei der qualitativen Auswertung wird auf die formulierten Hypothesen sowie auf die Problemschwerpunkte im schulischen sowie häuslichen Bereich des jeweiligen Probanden eingegangen. Die erhobenen Daten erlauben zum einen Aussagen über weitere, unabhängig von den zu überprüfenden Hypothesen gewonnen Erkenntnissen und zum anderen über die soziale Validität sowie die soziale Akzeptanz des Interventionsprogramms. Soziale Validität liegt vor, wenn die Ziele, Methoden und Ergebnisse eines Experiments vom Probanden selbst und seinem sozialen Umfeld für bedeutsam gehalten werden (vgl. Julius et al., 2000). Kern (1997) nennt im Zusammenhang mit der sozialen Validität den Begriff der sozialen Akzeptanz, die dann gegeben ist, wenn die Art der Intervention von den Probanden und ihren Bezugspersonen akzeptiert wird. Er betont, dass beide Begriffe als eng zusammengehörig zu betrachten sind.

Die mit den strukturierten Fragebögen und psychometrischen Tests erhobenen Daten werden zur Prä-Retest-Kontrolle visuell inspiziert und statistisch ausgewertet. Die Retest-Ergebnisse werden zusammen mit den Ergebnissen aus den vorangegangen Testzeitpunkten grafisch dargestellt, um mögliche Veränderungen erkennen zu können. Außerdem werden Signifikanz-testungen zur Kontrolle durchgeführt, um Aussagen über die Bedeutsamkeit bzw. Zufälligkeit möglicher Merkmalsveränderungen treffen zu können. Die Signifikanzüberprüfung mit dem Chi-Quadrat-Test erfolgt für alle Testinstrumente, bei denen die Retest-Reliabilitäten und die Standardabweichungen aus dem jeweiligen Manual zu entnehmen sind. Döring & Bortz (2006) schlagen zum Vergleich von Testwerten bei wiederholter Testanwendung folgende Formel vor:

$$X^2 = \frac{1}{2 \times SD^2} \times \sum_{j=1}^{m} \frac{(y_{j1} - y_{j2})^2}{1 - r_j}$$

X^2=Chi-Quadrat SD=Standardabweichung r_j= Reliabilität y_{j1}= Prätest-Wert y_{j2}= Retest-Wert

Aufgrund unterschiedlicher Standardabweichungen bei den zum Einsatz kommenden Untertests des Basic-MLT´s (vgl. Lepach & Petermann, 2008) wird folgende umgestellte Formel benötigt:

$$X^2 = \frac{1}{2} \times \sum_{j=1}^{m} \frac{(y_{j1}/SD - y_{j2}/SD)^2}{1 - r_j}$$

Alle Messwerte werden mit dem Chi-Quadrat-Test ermittelt und anhand der sich im Anhang A befindenden Tabelle für X^2-Verteilungen auf signifikante Veränderungen überprüft. Bei der Überprüfung wird für jedes Testinstrument das entsprechende Signifikanzniveau (vgl. Anh. B) berücksichtigt. Einige Testinstrumente enthalten Informationen zur Auswahl des geeigneten Signifikanzniveaus, wie z.B. der Verbale Lern- und Merkfähigkeitstest (VLMT, Helmstaedter et al., 2001), bei dem das 5%-Niveau berücksichtigt wird. Für das Test-instrument zur Messung der exekutiven Funktionen (BRIEF, Drechsler & Steinhausen, 2013) erfolgt die Prüfung auf dem 0,1%-Niveau, da bei der Auswertung Vertrauensintervalle zu berücksichtigen sind. Des Weiteren werden die mit Hilfe des Testinstruments BRIEF ermittelten exekutiven Gesamtwerte (EGW) auf normative Validität überprüft.

5.3.7.2 Videoaufzeichnungen der Trainingssitzungen

Zur systematischen Beobachtung im Verlauf der Trainingssitzungen sowie bei den Aufzeichnungen des häuslichen und schulischen Verhaltens, stehen verschiedene Beschreibungssysteme zur Erhebung der Verhaltensdaten zur Auswahl. Faßnacht (1995) unterscheidet vier Erscheinungsformen bzw. Techniken:

(1) Ereignis-Beschreibung (event sampling)

(2) Tagebuchaufzeichnungen

(3) Die Methode der kritischen Vorfälle

(4) Verlaufsprotokolle

Bei der Verhaltensbeobachtung während der Trainingssitzungen kommt die Technik des „event sampling" zum Einsatz.

> „Das ‚event sampling` bezieht sich auf ein Ereignis (z.B. …Angstreaktionen,… Zornesausbrüche… oder aggressive Akte bei Kindern) und verlangt die möglichst genaue Beschreibung des Vorganges sowie seines Anlasses und seines Ausganges. " (Faßnacht, 1995, S. 178)

Solche Ereignisstichproben sind geeignet um bestimmte Verhaltensweisen in einem Untersuchungskontext zu dokumentieren (vgl. Bortz, 2006). Der Beginn der Beobachtungszeit kann durch Kenntnis des Auslösezeitpunktes bestimmt werden, durch den das Ereignis normalerweise beobachtbar wird. Das Ende des Beobachtungs-Intervalls wird dabei vom Ende des zu beobachtenden Ereignisses markiert. Besonders angebracht ist die Nutzung dieser Beobachtungstechnik bei eher komplexen Handlungsabfolgen wie z.B. Angstverhalten, Problemlöseverhalten, Trotz- und Wutanfällen etc. (vgl. Limbourg, 2005).

Auf dem Trainingsplatz kommt eine Videokamera zum Einsatz, die den gesamten Trainingsverlauf festhält. Bei der Nachbereitung der Videoaufzeichnungen wird das Material analysiert. Mit Hilfe des Verhaltens-Zeitraffers werden einzelne Videosequenzen heraus-genommen, die jeweils einer Beobachtungseinheit zugeordnet und zu neuen Videos zusammen geschnitten werden können. Die komprimierten Videos zeigen nun Verhaltensentwicklungen im Trainingsverlauf mit einer außerordentlich hohen Prägnanz (vgl. Flick et al., 1995). Bei der Videoanalyse wird das auftretende Problemverhalten, welches auf eine mangelnde Impulskontrolle oder Aufmerksamkeit hinweist, aufgezeichnet und visuell inspiziert. Bei der Auswertung mit Hilfe der Ereignis-Beschreibung, werden sechs zuvor festgelegte Beobachtungseinheiten gebildet, die sich auf die Impulsivität und die Unaufmerksamkeit beziehen:

1. Impulsivität

- Das Kind reagiert auf Aufgabenstellungen mit explosionsartigen emotionalen Gefühlsausbrüchen.
- Das Kind beginnt voreilig mit der Aufgabenbearbeitung ohne lange nachzudenken.
- Das Kind nimmt einen plötzlichen Tätigkeitswechsel vor und verliert das Ziel aus den Augen.

2. Aufmerksamkeit

- Das Kind wirkt während der verbalen Aufgabenbeschreibung abwesend und merkt sich die Aufgabenstellung nicht.
- Das Kind wirkt während der visuellen Aufgabenerfassung abwesend und merkt sich die Aufgabenstellung nicht.
- Das Kind lenkt während der verbalen Aufgabenbeschreibung/-bearbeitung die Aufmerksamkeit auf etwas anderes.

Die festgehalten Häufigkeiten des Problemverhaltens werden grafisch dargestellt und in zwei Interventionshälften geteilt. Die Mittelwerte der Interventionshälften werden daraufhin verglichen. Dabei wird die prozentuale Ab- bzw. Zunahme des Problemverhaltens von der ersten zur zweiten Interventionshälfte gemessen. Weitere statistische Verfahren sind nicht anwendbar, da vor dem Training keine Daten aufgezeichnet werden können, um eine Baseline-Phase für die Trainingssituation darstellen zu können. Veränderungen der Merkfähigkeit, die in Verbindung mit der Arbeitsgedächtnisleistung stehen, werden über den gesamten Interventionszeitraum anhand der erfolgreich gelösten Aufgaben je Sitzung gemessen und in einer Lernverlaufskurve dargestellt. In jeder Trainingssitzung können insgesamt 12 Punkte gesammelt werden. Die dritte Übung jeder Trainingseinheit wird dabei nicht bewertet, da die Förderung der Merkfähigkeit nicht im Vordergrund steht. Für die erzielten Punkte über den gesamten Trainingsverlauf wird schließlich eine Richtigkeitsquote ermittelt.

5.3.7.3 Häusliche und schulische Tagebuchaufzeichnungen

Die Verhaltenstagebücher dienen zur Erfassung von Transfereffekten und Störvariablen. Die Häufigkeiten der auftretenden Verhaltensweisen werden anhand festgelegter Items im häuslichen sowie schulischen Bereich beobachtet und aufgezeichnet. Die Ratenverläufe, der gemessenen Häufigkeiten des auftretenden Problemverhaltens, über den gesamten Untersuchungszeitraum werden visuell inspiziert und statistisch ausgewertet. Die visuelle Inspektion umfasst Interpretationen über die Ratenverläufe der einzelnen Phasen. Dabei wird im Detail auf die Variabilität, das Niveau und den Trend der Ratenverläufe der einzelnen Phasen sowie eine mögliche Latenz zwischen der Baseline- und der Interventionsphase eingegangen (vgl. Kern, 1997; Julius et al., 2000; Jain & Spieß, 2012). Nach der visuellen Inspektion der Tagebuchaufzeichnungen folgen aufeinander aufbauende statistische Verfahren, um die Signifikanz sowie die Reliabilität für jede abhängige Variable zu ermitteln. Folgend werden die zur Anwendung kommenden statistischen Auswertungsverfahren beschrieben:

Die Methode der Split-Middle-Technik (White 1972, 1974) eignet sich um zu überprüfen, ob sich Trends über Phasen hinweg verändern und beinhaltet sechs Schritte (vgl. Julius et al., 2000):

(1) Die Interventionsphase wird in zwei Hälften unterteilt.

(2) Der Median der jeweiligen Hälfte wird berechnet und es erfolgt eine erneute Teilung der jeweiligen Hälfte.

(3) Die Medianpunkte werden auf den Viertelsenkrechten eingetragen und durch eine Gerade verbunden.

(4) Die Gerade wird solange verschoben, bis sich gleich viele Datenpunkte ober- und unterhalb der Trendlinie befinden.

(5) Die entstandene Trendlinie wird in die A-Phase hinein verlängert und einem Binominaltest zur Signifikanzüberprüfung unterzogen.

Um festzustellen, ob sich der Baseline-Trend von dem der Interventionsphase signifikant unterscheidet, wird folgende Formel benötigt:

$$p(k) = \frac{n!}{k! \times s!} \times 0{,}5^{n}$$

p(k) = Wahrscheinlichkeit

n = Anzahl der Datenpunkte

k = Datenpunkte unterhalb der verlängerten Trendlinie

s = Anzahl der Datenpunkte oberhalb der verlängerten Trendlinie

Wenn sich der ermittelt Wert unter dem 5%-Niveau befindet, kann die Veränderung des Verhaltens als statistisch signifikant angesehen werden (vgl. Julius et al., 2000).

(6) Es besteht des Weiteren die Möglichkeit mit Hilfe einer Trendsteigerungsrate die Trendlinie genauer zu analysieren. So kann die Veränderung des Trends für die A-Phase sowie B-Phase bestimmt werden. Bei einem steigenden Trend, ergibt sich bei der Berechnung ein positiver und bei einem fallenden Trend ein negativer Wert. Dazu wird ausgehend von der jeweiligen Trendlinie eine waagerechte Linie gezogen, die sich über eine beliebige Anzahl von Datenpunkten erstreckt. Dann wird das Ende der waagerechten Linie mit Hilfe einer senkrechten Linie mit der Trendlinie verbunden. Schließlich wird die Länge der senkrechten durch die Länge der waagerechten Linie geteilt (vgl. Kern, 1997). Um die Trendsteigung der Interventionsphase zu berechnen, werden die in das Steigungsdreieck eingetragenen Daten benötigt und wie folgt berechnet:

$$\text{Trendsteigung} = \frac{\text{waagerechte Linie}}{\text{Trendlinie}}$$

Mit der Berechnung des Prozentsatzes nicht überlappender Daten (PND) kann außerdem die Reliabilität der Interventionseffekte bestimmt werden.

> „Der PND wird errechnet, indem man die Anzahl der Datenpunkte einer Interventionsphase, die nicht mit einer dazugehörigen Nicht-Interventions-phase überlappen, durch die Gesamtzahl der Datenpunkte der Interventionsphase teilt und anschließend mit 100 multipliziert.“ (Julius et al., 2000, S. 137)

Daraus lässt sich folgende Formel ableiten:

$$\text{PND} = \frac{\text{Anzahl der Datenpunkte in der B-Phase die unterhalb des niedrigsten Datenpunktes der A-Phase liegen}}{\text{Summe aller Datenpunkte der B-Phase}} \times 100$$

Unter Berücksichtigung der im Anhang C aufgeführten Tabelle kann der ermittelte PND-Wert in Hinblick auf die Reliabilität des Interventionseffektes interpretiert werden. „Geringe PND-Werte verweisen auf geringe Effektstärken (Wirkungen) einer Intervention bzw. auf starke Einflüsse von Störvariablen. Der PND entspricht dem Begriff der Effektstärke in der Gruppenforschung.“ (Kern, 1997, S. 163) PND-Werte von über 85% gelten als pädagogisch Signifikant (vgl. Kern, 1997).

Eine weitere Möglichkeit die Interventionsdaten auf ihre pädagogische Signifikanz hin zu überprüfen, ist der Vergleich zwischen der Standardabweichung der Grundratendaten und dem Mittelwert der Interventionsdaten. Pädagogische Signifikanz liegt dann vor, wenn die Veränderung durch eine Intervention so groß ist, dass ein Artefakt des Messfehlers unwahrscheinlich ist (vgl. Kern, 1997). Mit folgenden kumulativ zu verwendenden Formeln kann die pädagogische Signifikanz überprüft:

(1) Berechnung des Mittelwertes (MW) der A-Phase

$$\frac{\text{Summe der ermittelten Häufigkeiten in der A-Phase}}{\text{Anzahl der Beobachtungstage}} \qquad MW_{(A\text{-}Phase)}$$

(2) Berechnung der Varianz (S)

$$\frac{(\text{Messwert 1 - Mittelwert})^2 + (\text{Messwert 2 - Mittelwert})^2 \ldots\ldots}{\text{Anzahl der Beobachtungstage}} \qquad SD^2_{\ (A\text{-}Phase)}$$

(3) Berechnung der Standardabweichung

Wurzel der Standardabweichung
($\sqrt{SD}$) $\qquad SD_{\ (A\text{-}Phase)}$

(4) Berechnung des Mittelwertes (MW) der B-Phase

$$\frac{\text{Summe der ermittelten Häufigkeiten in der B-Phase}}{\text{Anzahl der Beobachtungstage}} \qquad MW_{\ (B\text{-}Phase)}$$

(5) Vergleich zwischen Mittelwert der B-Phase und dem Mittelwert der A-Phase minus der doppelten Standardabweichung der A-Phase

$$MW_{\ (A\text{-}Phase)} - 2xSD_{\ (A\text{-}Phase)} \geq MW_{\ (B\text{-}Phase)}$$

Wenn der Mittelwert der A-Phase unter Abzug der doppelten Standardabweichung über dem Mittelwert der B-Phase liegt, ist pädagogische Signifikanz gegeben.

Um die Nachhaltigkeit des Interventionseffektes festzustellen, wird der Datenverlauf der Follow-up-Phase dahingehend überprüft werden, ob es zu einer Veränderung des Mittelwertes im Vergleich zur Interventionsphase kommt (vgl. Kern, 1997).

5.4 Probandenauswahl

Eine gezielte Auswahl von Probanden kann erst stattfinden, wenn nach bestimmten Entscheidungskriterien eine Zielgruppe festgemacht werden kann. Nach der Festlegung auf eine Zielgruppe sind verschiedene Einschlusskriterien bei der weiteren Auswahl der Probanden zu berücksichtigen. Nur so kann die Vergleichbarkeit der Studienergebnisse gewährleistet, sowie die externe Validität gesichert werden (vgl. Kern, 1997). Außerdem sind Rekrutierungswege ausfindig zu machen, auf denen ein zielgerichtetes Rekrutierungsmittel eine hohe Resonanz erzeugt.

5.4.1 Entscheidungskriterien zur Bestimmung der Zielgruppe

Die Forschungsergebnisse über den Einfluss von Tieren auf hyperkinetische Kinder (vgl. Kap. 4.9) weisen darauf hin, dass sie in einem besonderen Maße von tiergestützten Interventionen profitieren. Auch verhaltensmodifizierende Fördermaßnahmen, die den exekutiven Funktionsbereich betreffen, sind für hyperkinetische Kinder zu empfehlen (vgl. Kap. 4.8.2). So bieten sich u.a. aufgrund dieser beiden Feststellungen insbesondere hyperkinetische Kinder als Zielgruppe für das tiergestützte Interventionsprogramm an.

Um die Vergleichbarkeit der Studienergebnisse zu gewährleisten, sollten die Probanden dem gleichen ADHS-Subtyp zuzuordnen sein. Im Hinblick auf die zu fördernden Fähigkeiten im Rahmen des Trainingsprogramms kann entweder der vorwiegend hyperaktiv-impulsive oder der Mischtypus nach dem DSM-5 in Betracht gezogen werden. Da die Symptome des Mischtypus die größten Schnittmengen mit den zu untersuchenden abhängigen Variablen aufweisen, werden Kinder, die diesem Typus zugeordnet werden können, als potentielle Probanden priorisiert. Außerdem scheint der Mischtypus der Typus zu sein, der auf ein Training der exekutiven Funktionen am besten anspricht. So geht Sonuga-Barke (2002) davon aus, dass dieser ADHS-Typus besonders gut auf kognitiv-behaviorale Therapien anspricht. Außerdem weist dieser Subtyp viele Verhaltensweisen einer beeinträchtigten Impulskontrolle auf (vgl. Drechsler & Steinhausen, 2013).

5.4.2 Einschlusskriterien

Levinson (1969) ging davon aus, dass jüngere Kinder stärker auf die Präsenz von Tieren reagieren als ältere, da sich Kinder in frühen Entwicklungsphasen von einem Tier stärker angesprochen fühlen. In einer Metaanalyse stellten Nimmer & Lundahl (2007) tatsächlich fest, dass sich bei Kindern bis zum 11. Lebensjahr nach der Teilnahme an Tiergestützten Maßnahmen eine mittlere bis hohe Effektgröße in Bezug auf das Wohlbefinden, Verhalten und die Gesundheit ergab. Vom 12.-17. Lebensjahr sind die Effektgrößen hingegen niedriger. Daraus lässt sich schließen, dass Tiergestützte Interventionen bei Kindern vor der Vollendung des 11. Lebensjahres besonders effektiv sind. Aufgrund dessen ist im Rekrutierungsprozess zu berücksichtigen, dass die Probanden nicht älter als 11 Jahre alt sind. Konkret sollten sie zwischen 8 und 9 Jahre alt sein und die 3. oder 4. Schulklasse einer Regel- oder Förderschule besuchen. Da zum einen einige Aufgaben des Interventionsprogramms auf die 3. Klassenstufe ausgerichtet sind, und des Weiteren davon auszugehen ist, dass jüngere Kinder allgemein größere Schwierigkeiten haben, die Aufmerksamkeit über eine längere Zeitspanne aufrecht zu erhalten (vgl. Kap. 3.3.2.2). Im Rekrutierungsprozess wird zudem versucht, Teilnehmer mit unterschiedlich hohen Intelligenzquotienten auszuwählen, da sich nach Kazdin (1982) so die externe Validität einer Intervention erhöhen lässt (Kern, 1997).

5.4.3 Rekrutierungswege und -mittel

Bei der Erstellung eines Flyers, als Mittel zur Rekrutierung der Probanden, werden die Ziele und der Ablauf des „TPP“ so prägnant wie möglich beschrieben, damit sich potentielle Studienteilnehmer einen Überblick verschaffen und feststellen können, ob das angebotene Training eine adäquate Intervention für das betroffene Kind darstellt. Bei der Akquisition werden drei Rekrutierungswege beschritten, um geeignete Probanden zu finden:

(1) Direkte Kontaktaufnahme mit der zuständigen Stelle für Öffentlichkeitsarbeit der Kinder- und Jugendpädagogischen Einrichtung der Stadt Köln (KidS).

(2) Direkte Kontaktaufnahme mit zwei ADHS-Selbsthilfegruppen in der Region Köln-Bonn, dem „ADHS Kompetenznetzwerk Köln“ und der „ADHS Selbsthilfe Bonn“, beide gehören dem ADHS Deutschland e.V. an.

(3) Veröffentlichung von Kleinanzeigen in ADHS-Foren, über „Facebook“ und „Ebay Kleinanzeigen“.

5.4.4 Erstgespräch

Nach Rücksprache mit interessierten Erziehungsberechtigten potentieller Probanden wird ein Termin für ein Erstgespräch vereinbart. Im Vorfeld werden die Einschlusskriterien für die Teilnahme an der Studie überprüft und ggf. diagnostische Unterlagen in Empfang genommen. Das Gespräch dient hauptsächlich zur Sammlung von weiteren Informationen, die für die endgültige Entscheidungsfindung bei Auswahl der Probanden benötigt werden. So können im Rahmen dieses Treffens erste Verhaltensbeobachtungen vorgenommen, Informationen mit den Eltern bzw. Erziehern ausgetauscht und der Erstkontakt zwischen Kind und Hund hergestellt werden. Die Kontaktaufnahme mit dem Hund ist für die Kinder wichtig, um erste Erfahrungen mit dem Hund sammeln und einen positiven Bezug zu ihm aufbauen zu können. Den Eltern bzw. Erziehern wird im Erstgespräch das Trainingsprogramm sowie der Studienablauf vorgestellt, und sie werden über besondere Verhaltensauffälligkeiten und Problemschwerpunkte im Tagesablauf des Kindes befragt. Des Weiteren werden Beobachtungen in Bezug auf die ADHS-Symptomatiken und auf das Verhalten zwischen Kind und Hund vorgenommen. Nach Abschluss der Erstgespräche wird auf Grundlage aller gesammelten Daten und unter Berücksichtigung der Einschlusskriterien ein Kind ausgewählt.

5.5 Vorgehensweise bei Darstellung der Einzelfälle

Im praktischen Teil der Arbeit wird für jeden Probanden nach Darstellung der Anamnese die Baseline-, Interventions- sowie Follow-up-Phase durchschritten. Für jede Phase werden die Tagebuchaufzeichnungen sowie die mit den Testinstrumenten gewonnen Ergebnisse dargestellt und in Bezug auf den Einzelfall interpretiert.

Im Einzelnen werden zur Erstellung der Anamnese alle auf die Hypothesen bezogenen Daten ausgewertet, die vor Beginn der Baseline-Phase vorliegen. Dazu gehören: Erste Aussagen der Eltern und der Lehrer über das Verhalten des Kindes im häuslichen und schulischen Bereich, psychologische Gutachten mit Ausführungen zur Diagnose und weitere Unterlagen, die dazu beitragen, einen ersten Eindruck über die Verhaltensproblematiken des Probanden gewinnen zu können. Jede weitere Phase beinhaltet eine Interpretation der Ergebnisse, die mit den entsprechenden Testinstrumenten gewonnen werden konnten. Für jede Einzelfalldarstellung werden schließlich die Ergebnisse zusammengefasst dargestellt und die Hypothesen, die soziale Validität sowie die normative Validität überprüft. Ein Vergleich der Ergebnisse aller Probanden mit einer Auswertung für den häuslichen, schulischen sowie pädagogischen Bereich wird im folgendem Kapitel vorgenommen.

6 Gegenüberstellung der Einzelfälle

Im Folgenden werden zur Einordnung der Wirksamkeit der Tiergestützten Intervention die untersuchten Einzelfälle mit Blick auf die relevanten Bereiche (häuslicher, schulischer und pädagogischer Bereich) aufgezeigt. Alle Ergebnisse werden in tabellarischer Form dargestellt, um aufzeigen zu können, für welche Bereiche die Nullhypothese verworfen und die Alternativhypothese angenommen werden konnte. Alle Messwerte der eingesetzten Testinstrumente zur Überprüfung der jeweiligen Hypothese wiesen bei den Einzelfallauswertungen in der Regel mindestens statistische Signifikanz auf, so dass die Nullhypothesen verworfen werden konnten. Dazu sei an dieser Stelle darauf hingewiesen, dass sich Ergebnisdarstellungen der Messwerte je Proband in Bezug auf die jeweilige Hypothese im Anhang dieser Arbeit befinden. In den tabellarischen Auflistungen (vgl. Anh. D-F) finden sich die Messwertveränderungen, gruppiert nach den verwendeten Messinstrumenten. Eine Abweichung von der Regel, die in zwei Fällen stattfand, wurde mit einem hochsignifikanten oder höchstsignifikanten Messwert eines vergleichbaren Messinstruments begründet. Auch bei fehlenden Tagebuchaufzeichnungen galt die Alternativhypothese als bestätigt, wenn mit den erhobenen Messdaten des Kerninstruments BRIEF-Lehrer oder BRIEF-Eltern normative Validität nachgewiesen werden konnte.

Bei der Probandenauswahl wurde gemäß den Bedingungen für direkte Replikationsverfahren (vgl. Kap. 5.3.2) auf Homogenität der Merkmale geachtet. Allerdings weisen nicht alle Merkmale Homogenität auf, was vor der Auswahl der Probanden nicht für jedes Merkmal feststellbar war. Im Folgenden werden die wesentlichen Merkmale der Probanden tabellarisch gegenübergestellt, um die zum Teil unterschiedlichen Befunde für die einzelnen untersuchten Bereiche unter Berücksichtigung einiger voneinander abweichender Merkmale der Probanden interpretieren zu können:

Merkmal \ Proband	A	B	C
Alter	8,5 Jahre	8,9 Jahre	8,8 Jahre
Geschlecht	männl.	männl.	männl.
relevante Diagnosen	F90.1	F90.0	F90.1 u. F83 G
Wohnsituation	Tageseinrichtung	Eltern	Pflegeeltern
häuslicher Alltag	strukturiert	strukturiert	unstrukturiert
Erziehungsverhalten	vorteilhaft	vorteilhaft	unvorteilhaft
Intelligenzquotient	108	92	78
Klassenstufe	3. Schuljahr	3. Schuljahr	3. Schuljahr
Schulform	Förderschule	Regelschule	Förderschule
schulischer Alltag	strukturiert	strukturiert	strukturiert
Unterrichtssituation	vorteilhaft	vorteilhaft	unvorteilhaft

Tab. 8: Merkmale der Probanden im Vergleich

Eine deutliche Inhomogenität weist das Merkmal: IQ auf. Nach Kern (1997) erhöht die Heterogenität dieses Merkmals die externe Validität der Intervention. Der häusliche Alltag und die Unterrichtssituation des Probanden C im Vergleich zu den beiden anderen Probanden weisen ebenfalls Inhomogenität auf. Der IQ des Probanden C, befindet sich mit 78 Punkten im Grenzbereich zur Lernbehinderung. Außerdem steht nach ICD zusätzlich zur Diagnose Hyperkinetische Störung des Sozialverhaltens (F90.1) die Diagnose kombinierte Entwicklungsstörung der Sprache, Motorik und schulischen Fertigkeiten (F83 G).

Für alle Probanden gilt, dass sie regelmäßig und motiviert an der Trainingsmaßnahme mit dem Begleithund teilnahmen. Außerdem befand sich keiner der Probanden zur Zeit der Intervention in einer anderen pädagogisch bzw. therapeutischen Maßnahme, was sich als Störvariable auf die Einzelfallergebnisse hätte auswirken können. Bei Proband B und C konnte im Verlauf der Intervention jeweils eine Störquelle aufgedeckt werden. Bei Proband A handelte es sich um den Tod des Großvaters, der im 3. Abschnitt der Interventionsphase verstarb. Diese Varianzquelle konnte bei der statistischen Auswertung der Tagebuchaufzeichnungen für den häuslichen und schulischen Bereich eliminiert werden. Bei Proband C stellte sich als Varianzquelle permanente psychosoziale Belastungsfaktoren heraus. Dies wirkte sich auf die Ergebnisse des Probanden C deutlich aus. Die Varianzquelle konnte auch nicht eliminiert werden, da ein multimodales Interventionsverfahren notwendig gewesen wäre, was im Rahmen dieser Studie nicht vorgesehen war. Des Weiteren konnte durch die Eingangsdiagnostik bei allen Probanden die Diagnose des ADHS-Mischtypus bestätigt werden. Alle mit dem Kerninstrument BRIEF ermittelten exekutiven Gesamtwerte wiesen einen Wert von (T≥157,8) auf, was auf den ADHS-Mischtypus schließen lässt (vgl. Schöfl et al., 2014).

Die in Kapitel 5.3.4 aufgestellten Hypothesen werden im Folgenden wiederholt:

(H1): Nach einer Tiergestützten Intervention kommt es zu *keiner* / einer signifikanten Steigerung des Arbeitsgedächtnisses bzw. der Merkfähigkeit (visuelles und auditives Merken).

(H2): Nach einer Tiergestützten Intervention kommt es zu *keinen* signifikanten Veränderungen der Aufmerksamkeitsleistung (auditive und visuelle Aufmerksamkeit).

(H3): Nach einer Tiergestützten Intervention ist *keine* / eine signifikante Verbesserung der Impulskontrolle feststellbar.

Der für die Nullhypothese (H0) erforderliche Zusatz ist kursiv geschrieben. Die Ergebnisse mit Blick auf die relevanten Bereiche werden in den folgenden Abschnitten dargestellt.

6.1 Häuslicher Bereich

Für den häuslichen Bereich gilt folgende zu prüfende Nullhypothese: (*H0.1*), die als angenommen gilt, wenn sie in der Tabelle aufgeführt ist.

Proband / **Hypothese**	A	B	C
Arbeitsgedächtnis	*H0.1*	H1.1*	H1.1
Aufmerksamkeit	H2.1	H2.1*	H2.1
Impulskontrolle	H3.1*	H3.1*	*H0.1*

Tab. 9: Hypothesenmatrix – Häuslicher Bereich (* = pädagogische Signifikanz und/oder normative Validität)

Die Ergebnisse des Probanden C sind in Bezug auf alle Hypothesen im Vergleich zu den Ergebnissen der beiden anderen Probanden weniger deutlich ausgeprägt. Auch wenn die Alternativhypothesen zum Teil angenommen wurden, liegen einzelne Messdaten nur knapp im signifikanten Bereich und befinden sich alle auf einem vergleichbar niedrigen Signifikanzniveau. Eine Erklärung dafür ist, dass Proband C zu Beginn und während der Intervention klare Regeln und Strukturen für den häuslichen Bereich gänzlich fehlen. Außerdem ist kein einheitlicher Erziehungsstil zu erkennen und das elterliche Erziehungsverhalten ist nicht aufeinander abgestimmt. Außerdem liegt die Vermutung nahe, dass die partnerschaftliche Beziehung der Eltern erheblich gestört ist. Diese begünstigenden Faktoren für einen negativen Verlauf der ADHS, die zur Verschlimmerung der Symptome führt (vgl. Kap. 4.5), scheinen der Hauptgrund für die nur schwach ausgeprägten Interventionseffekte zu sein. Hinzu kommt die Begebenheit, dass Proband C in der Interaktion mit seinem Vater teilweise ein angstbesetztes Verhalten zeigt. Ein weiterer Grund könnte in der unzureichenden Mitarbeit während der Intervention von Seiten der Eltern liegen. So werden die Transferaufgaben des Interventionsprogramms nur unregelmäßig über den jeweiligen Wochenverlauf bearbeitet. Für die angenommene Nullhypothese des Probanden A in Bezug auf die Variable „Arbeitsgedächtnis“ lässt sich hingegen keine plausible Erklärung finden. Die Annahme der Nullhypothese für den häuslichen Bereich belegt einen fehlenden Transfer in den Alltag. Dieser Befund ist insbesondere aufgrund dessen bemerkenswert, da Proband A in einem besonders hohen Maß von der Intervention profitiert und die erlernten Merkstrategien auch im Alltag erfolgreiche einsetzt. So kam es z.B. während der B-Phase zu einer deutlichen Entspannung der über ein Jahr dauernden problemintensiven Hausaufgabensituation. Insgesamt ist für alle Probanden eine deutliche Verbesserung der täglichen Hausaufgabensituation feststellbar, die grundsätzlich in den häuslichen Bereich fällt. Proband C besucht eine Hausaufgabenbetreuung, die nach Rücksprache deutliche Verhaltensänderungen im Hausaufgabenprozess bestätigt. Aber auch andere häusliche Situationen weisen nach der Intervention für alle Probanden eine deutlich niedrigere Problemintensität auf und zeigen eine starke Abnahme der Häufigkeit des auftretenden Verhaltens.

6.2 Schulischer Bereich

Für den schulischen Bereich gilt folgende zu prüfende Nullhypothese: (*H0.2*), die als angenommen gilt, wenn sie in der Tabelle kursiv aufgeführt ist.

Proband / Hypothese	A	B	C
Arbeitsgedächtnis	H1.2*	H1.2*	*H0.2*
Aufmerksamkeit	H2.2*	H2.2*	*H0.2*
Impulskontrolle	H3.2*	H3.2*	*H0.2*

Tab. 10: Hypothesenmatrix – Schulischer Bereich (* = pädagogische Signifikanz und/oder normative Validität)

Im schulischen Bereich haben sich für die Probanden A und B die deutlichsten Veränderungen in Hinblick auf alle zu prüfenden Hypothesen eingestellt. Das Interventionsprogramm mit seiner schulischen Ausrichtung hat sich in diesem Bereich als besonders wirksam und auch nachhaltig herausgestellt. Neben der zu überprüfenden Hypothesen waren auch für die anderen exekutiven Funktionen anhand der Skalenwerte des Testinstruments BRIEF deutliche Verbesserungen feststellbar. Im schulischen Bereich des Probanden C konnten im Vergleich zu den beiden anderen Probanden keine signifikanten Veränderungen festgestellt werden. Die Messwerte wiesen entweder keine Veränderung auf oder befanden sich im Vergleich zu den Messwerten der beiden anderen Probanden nicht auf dem gleichen Signifikanzniveau. Dies kann zum einen darauf zurückgeführt werden, dass die Klassenlehrerin innerhalb des Interventionszeitraums den Jungen von einem Praktikanten betreuen ließ. Ein weiterer zu berücksichtigender Aspekt in diesem Zusammenhang ist, dass die Lehrerin das nach Schulbeginn täglich auftretende geistig abwesende Verhalten des Probanden als stark überlagernd wahrnimmt. Dies ist nach Angaben der Klassenlehrerin auf die regelmäßig verspätete Medikamenteneinnahme im elterlichen Haushalt zurückzuführen. So kann davon ausgegangen werden, dass die Lehrerin kaum in der Lage war, Veränderungen des Verhaltens über den Interventionszeitraum genauer zu beobachten. Ein Beleg dafür ist, dass die Klassenlehrerin vor den Osterferien angibt, dass sich Verbesserungen eingestellt haben, die sich auf das morgendliche Verhalten beziehen. Sie gibt in dem Gespräch auch andere hypothesenrelevante Veränderungen für diesen Zeitraum an. Ein weiterer Einflussfaktor, insbesondere in Hinblick auf die Variable „Arbeitsgedächtnis", ergibt sich aus dem unterdurchschnittlich ausgeprägten IQ des Probanden, der sich im Grenzbereich zu einer Lernbehinderung befindet. Des Weiteren könnten die ungünstigen psychosozialen Bedingungen im häuslichen Bereich einen negativen Ausstrahlungseffekt auf den schulischen Alltag gehabt haben, der ein erfolgreiches Lernen erschwert oder sogar unmöglich macht.

Insgesamt ist die Mitarbeit von Seiten der Schule nur in einem Einzelfall als vorbildlich zu bezeichnen. Dabei ist zu berücksichtigen, dass die Klassenlehrerin des Probanden B, die an einer Regelschule unterrichtet, das abweichende Verhalten des Schülers im Gegensatz zu den beiden anderen Förderschullehrerinnen besser beobachten konnte, da sie lediglich ein Kind mit abweichenden Verhaltensweisen im Klassenverbund hat. So hatte sie die Möglichkeit das Verhalten eines einzelnen Schülers genauer zu beobachten und aufzuzeichnen.

6.3 Pädagogischer Bereich

Die Aufzeichnungen über das Verhalten während des Trainings konnten aufgrund fehlender Daten, wie z.B. den Retest-Reliabilitäten nicht auf Signifikanz überprüft werden. So galten andere Kriterien, wie z.B. eine deutliche prozentuale Verhaltensänderung beim Vergleich der Mittelwerte nach Teilung der Intervention in zwei Hälften (vgl. Kap. 5.3.7.2). Auch die Messergebnisse einiger Testinstrumente konnten aufgrund fehlender Retest-Reliabilitäten keinem Signifikanztest unterzogen werden.

Für den pädagogischen Bereich, bei dem die Test- bzw. Trainingssituation berücksichtigt wird, gilt folgende zu prüfende Nullhypothese: (*H0.3*), die als angenommen gilt, wenn sie in der Tabelle kursiv aufgeführt ist.

Hypothese \ Proband	A	B	C
Merkfähigkeit	H1.3	H1.3	*H0.3*
Aufmerksamkeit	H2.3	H2.3	H2.3
Impulskontrolle	*H0.3*	H3.3	H3.3

Tab. 11: Hypothesenmatrix – Pädagogischer Bereich

Für den pädagogischen Bereich gelten fast alle Alternativhypothesen als angenommen, mit Ausnahme der abhängigen Variable „Impulskontrolle" von Proband A und „Merkfähigkeit" von Proband C. In diesen beiden Einzelfällen ist die Nullhypothese aufgrund der ermittelten Messwerte aus der Test- und nicht aus der Trainingssituation angenommen worden. Bei Proband C war während des Trainings zu beobachten, dass er trotz seiner unterdurchschnittlich ausgeprägten Intelligenz viele Aufgaben richtig lösen konnte. Auffällig dabei ist, dass er in keiner der Testsituationen in der Lage war, eine vergleichbar hohe Leistung, wie während des Parcourstrainings zu erbringen. Eine mögliche Erklärung ist die in Kapitel 5.1 erwähnte Unteraktivierungshypothese, die in der Testsituation zum Tragen kam, da für den Probanden keine Bewegungsmöglichkeit während der Aufgabenbearbeitung in der Testsituation bestand. Auch bei Proband A führten die Ergebnisse in der Testsituation zu der Annahme der Nullhypothese, was vermutlich auch auf die Unteraktivierung des Probanden zurückgeführt werden kann. Einen weiteren Grund für diese Ergebnisse stellt die Beobachtung dar, dass Proband A Probleme bei der Umsetzung der Selbstinstruktionstechnik und Proband C beim Erlernen der Merktechniken im Rahmen des Trainingsprogramms hatten.

Für alle Einzelfälle gilt, dass bei Anwesenheit des Hundes, ob in der Testoder in der Trainingssituation, keine oppositionellen Verhaltensauffälligkeiten zu beobachten waren. Dies kann zum einen darauf zurückgeführt werden, dass alle Probanden ein hohes Maß an Rücksichtnahme auf den Hund aufwiesen. Zum anderen könnte dies auf die von allen Probanden gewonnene Erkenntnis im Trainingsprozess zurückgeführt werden, dass der Hund die Zusammenarbeit bei exaltierendem Verhalten verweigert (vgl. Kap. 2.7.1). Außerdem war in der Trainingssituation nach der 5. bzw. 6. Trainingseinheit eine deutliche Verbesserung des Bewegungsverhaltens während der Arbeit mit dem Hund zu beobachten. Alle Probanden gingen zudem bei der Erledigung ihrer Aufgaben bedacht und konzentriert vor. In diesem Zusammenhang können die Beobachtungen von Petermann (1997) im Rahmen eines Tiergestützten Parcourslaufs mit hyperkinetischen Kindern in der ergotherapeutischen Praxis nachdrücklich bestätigt werden (vgl.

Kap. 5.1). Des Weiteren konnte bei allen Probanden eine Verbesserung des Leistungsverhaltens während des Trainingsprogramms beobachtet werden. Dies kann auf den Auf- bzw. Ausbau des Vertrauens in die eigene Leistungsfähigkeit zurückgeführt werden. Alle Probanden gaben während der ersten Trainingssitzungen vor der Bearbeitung von Aufgaben mit einem höheren Schwierigkeitsgrad an, dass es unmöglich für sie sei, diese zu lösen. Zusammen mit dem Begleithund trauten sie es sich dann doch zu. Der Erfolg in solchen Situationen führte zu mehr Zuversicht in die eigene Leistungsfähigkeit. So kann z.B. bei Proband B die Veränderung des Leistungsverhaltens als ein wichtiger Einflussfaktor auf die deutliche Verbesserung der schulischen Ergebnisse angesehen werden.

7 Zusammenfassung und Ausblick

Ziel der vorgestellten Studie war es festzustellen, welche Wirkungen sich mit dem entwickelten Tiergestützten Interventionsprogramm „TPP“ auf die exekutiven Funktionen von Kindern mit hyperkinetischen Störungen ergeben können. Neben den drei zu überprüfenden unspezifischen Hypothesen wurden dazu auch weitere Beobachtungen registriert, die auf Abmilderung der ADHS-Symptomatiken durch die Zusammenarbeit der Probanden mit einem Begleithund schließen lassen.

Auf bereichsunabhängiger Hypothesenebene kann festgestellt werden, dass sich bei allen drei Probanden das Aufmerksamkeitsverhalten mit Hilfe der Intervention verbessern ließ. Alle erhobenen Messwerte mit Ausnahme des schulischen Aufmerksamkeitsverhaltens des Probanden C wiesen auf deutliche Verbesserungen hin. Insbesondere für den Bereich der geteilten Aufmerksamkeit konnten bei allen Probanden positive Veränderungen festgestellt werden. So wurde z.B. bei Proband C zum ersten Testzeitpunkt eine starke Einschränkung der geteilten Aufmerksamkeit gemessen, der Messwert nach der Tiergestützten Intervention wies auf eine deutliche Verbesserung dieses Bereichs der Aufmerksamkeit hin. Anhand der Analyse aller Videoaufzeichnungen zeigt sich, dass die Verbesserung der geteilten Aufmerksamkeit auf die Führung des Begleithundes, die parallel zur Bearbeitung der Aufgaben durchzuführen war, zurückgeführt werden kann. Alle Probanden zeigten nach kurzer Interventionsdauer eine optimale Aufmerksamkeitsverteilung.

Auch eine bereichsübergreifende deutliche Verbesserung der Impulskontrolle konnte bei allen Probanden nachgewiesen werden. Was im pädagogischen Bereich auf die Arbeit mit dem Begleithund zurückgeführt werden kann. Da sich dieser zurückzog, wenn es zu Impulsdurchbrüchen kam, und alle Probanden an der weiteren Zusammenarbeit mit dem Hund interessiert waren, versuchten sie, sich künftig besser zu kontrollieren. Zum Anderen scheint die zum Einsatz gekommene Methode des kognitiven Modellierens im Alltag der Probanden ihre Wirkung entfaltetet zu haben. Diese Methode war unter Assistenz des Begleithundes sehr gut umsetzbar. Bei Erteilung des Stopp-Signals an den Hund gaben sich die Probanden in diesem Moment selbst ebenfalls das Stopp-Signal. So kam dieses Methode während des Trainings implizit zum Einsatz. Eine verbesserte Impulskontrolle geht auch aus den Abschlussgesprächen mit Proband A und B hervor, welche die erlernten Selbstregulationstechniken im Alltag erfolgreich anwenden konnten, um Impulsdurchbrüche selbstständig stoppen oder sogar verhindern zu können.

Eine Verbesserung der Merkfähigkeit, die sich im Alltag in einer verbesserten Arbeitsgedächtnisleistung zeigt, war für alle Bereiche feststellbar. Für zwei Probanden konnte allerdings nicht für alle Bereiche die Alternativhypothese bestätigt werden. Die qualitativ ausgewerteten Daten der Interviews weisen allerdings auf eine deutliche Verbesserung der Arbeitsgedächtnisleistung aller Probanden hin. Insbesondere für den häuslichen Bereich wurde von allen Interviewpartnern angegeben, dass das jeweilige Kind nicht mehr so häufig nachfragen muss, wenn es mehrere Anweisungen erteilt bzw. Aufgaben aufgetragen bekommt. Eine Verbesserung der Merkspanne war auch zu erwarten, da der Schwerpunkt der Übungen des „TPP“ auf der Merkfähigkeit liegt.

Insgesamt kann davon ausgegangen werden, dass sich beim Einsatz der unabhängigen Variable „TPP“ auf hyperkinetische Kinder (Mischtypus), die in einem strukturierten und geregelten häuslichen Umfeld ohne psychosoziale Belastungsfaktoren leben, deutlichere Wirkungen in Hinblick auf die in dieser Studie kontrollierten abhängigen Variablen erzielen lassen. Bei der Auswertung aller Daten wirkten sich die Ergebnisse des Probanden C einschränkend aus, da in einigen Bereichen keine Wirksamkeit festgestellt werden konnte, was in erster Linie auf die starken psychosozialen Belastungsfaktoren, denen der Proband im Interventionszeitraum ausgesetzt war, zurückgeführt werden kann. Ein wichtiges Ergebnis in diesem Zusammenhang ist allerdings, dass Proband C das Trainingsprogramm nicht abgebrochen hat, wie es nach Aussagen der Eltern in der Vergangenheit bei jeglicher Intervention nach kurzer Zeit geschah. Dies deutet auf eine motivierende Funktion hin, die von dem Trainingsprogramm mit dem Begleithund ausgeht. Allgemein wurde der Aufbau einer tragfähigen pädagogisch-therapeutischen Beziehung zu allen Probanden durch die Assistenz des Begleithundes erheblich verkürzt, worauf vorgestellten Untersuchungsergebnisse von Julius et al. (2014) ebenfalls hinweisen (vgl. Kap. 2.4.2). Auch die Zusammenarbeit mit allen Beteiligten, insbesondere mit den Probanden, konnte erheblich verbessert bzw. erleichtert werden. Eine Begebenheit, die darauf schließen lässt, ereignet sich während einer Testsituation, in der der Proband begann zu weinen, weil die Leistungsanforderungen auf ein vermeintlich nicht zu bewältigendes Maß anstiegen. Der Begleithund stand unmittelbar von seinem Platz auf, beruhigte und tröstete das Kind, so dass die Arbeit innerhalb kürzester Zeit fortgesetzt werden konnte. Da selbst die Eltern in solchen Situationen große Probleme haben, das Kind zu beruhigen, hätte dies vermutlich dazu geführt, eine ausgedehnte Pause während der Testsituation einlegen zu müssen, solange bis das Kind wieder arbeitsfähig gewesen wäre. Allgemein kann die Verbesserung sowie Erleichterung der Zusammenarbeit mit der Funktionsform des Hundes als „Situations-/Sozialkatalysator“ erklärt werden (vgl. Kap. 2.4.2). Studien von Walk & Evers (2013) weisen darauf hin, dass sich durch ein Training der exekutiven Funktionen die schulische Leistung deutlich verbessern lassen. Die Ergebnisse dieser Studie deuten ebenfalls auf eine deutliche Verbesserung der schulischen Leistungen hin. So konnten für den schulischen Bereich zu einem großen Teil höchstsignifikante Messwerte ermittelt werden. Die Hausaufgabensituation verbesserte sich bei allen Probanden. Des Weiteren konnte für viele Bereiche normative Validität sowie pädagogische Signifikanz nachgewiesen werden. Außerdem konnte für das „TPP“ in allen vorgestellten Einzelfällen soziale Akzeptanz sowie soziale Validität festgestellt werden.

Der Erfolg der Tiergestützten Intervention scheint in einem entscheidendem Maß davon abzuhängen, ob sich das Kind in einem strukturierten häuslichen Umfeld befindet und das Erziehungsverhalten auf die besonderen familiären Situationen, die eine hyperkinetische Störung mit sich bringt, von Seiten der Eltern zum Wohl des Kindes aufeinander abgestimmt wird. Außerdem liegt der Schluss nah, dass Kinder mit unterdurchschnittlicher Intelligenz im Vergleich zu Kindern, die sich im Normalbereich befinden, in einem geringeren Ausmaß von dem entwickelten Tiergestützten Trainingsprogramm profitieren. Dies zeigt sich u.a. an den unterschiedlich hohen Signifikanzniveaus der einzelnen Testergebnisse, die mit dem Chi-Quadrat-Test ermittelt wurden. Außerdem kann ggf. von deutlicheren Effekten ausgegangen werden, wenn der Schwerpunkt des Trainings auf die Problembereiche des jeweiligen Probanden abgestimmt wird, was allerdings im Rahmen dieser Studie nicht möglich war, um die Vergleichbarkeit der Einzelfallergebnisse zu gewährleisten. Im Verlauf der Tiergestützten Intervention konnte beobachtete werden, dass sich alle Probanden öffneten und hoch motiviert am Trainingsprogramm teilnahmen, sowie es von Wohlfarth et al. (2013) im Forschungsbericht: „Wirkmechanismen tiergestützter Maßnahmen“ beschrieben wird.

Rückblickend war für die vorliegende Studie die Untersuchungsart Einzelfallanalyse angebracht, da so das entwickelte Trainingsprogramm in drei Fällen auf praktische Umsetzbarkeit erprobt werden konnte und genaue Beobachtungen der einzelnen Probanden möglich war. Auf diese Einzelfallbetrachtung sollte eine Gruppenuntersuchung vorgenommen werden, um Rückschlüsse auf die Gesamtpopulation hyperkinetischer Kinder vornehmen zu können. In einer solchen Studie sollte eine Kontrollgruppe gebildet werden, damit genauer festgestellt werden kann, inwieweit sich der Hund auf Veränderungen der abhängigen Variablen auswirkt. Als Testinstrument sollte das im Rahmen dieser Studie verwendete Kerninstrument BRIEF (Drechsler & Steinhausen, 2013) zum Einsatz kommen. Die Mittelwerte der zu überprüfenden Variablen zweier Messzeitpunkte können so mit einem anschließenden t-Test für abhängige Stichproben ausgewertet werden (vgl. Bortz & Döring, 2006). Des Weiteren könnten bei Gegenüberstellung der Ergebnisse der Kontroll- und der Untersuchungsgruppe auch gezielte Beobachtungen vorgenommen werden, die sich auf Besonderheiten beim Aufbau der therapeutisch-pädagogischen Beziehung unter Assistenz konzentrieren, insbesondere in Hinblick auf den zeitlichen Aspekt des Beziehungsaufbaus.

Die vorliegende Studie reiht sich in eine noch geringe Anzahl von Studien ein, deren Ergebnisse, wie von Prothmann (2012) angegeben, auf eine generelle Milderung der ADHS-Symptome schließen lassen. Weitere wissenschaftliche Studien sollten folgen, um u.a. das zum Teil noch verborgene Wirkpotential Tiergestützter Interventionen auf hyperkinetische Kinder zu untersuchen und in Form neuer Erkenntnisse dem jungen wissenschaftlichen Gebiet der Tiergestützten Therapie bzw. Sonderpädagogik zugänglich zu machen.

Literaturverzeichnis

Adams, A. & Peters M. (2003). Störungen der Persönlichkeitsentwicklung im Kindes- und Jugendalter. Stuttgart: Kohlhammer Verlag.

Agsten, L. (2009). Hundegestützte Pädagogik in der Schule. Book on Demand.

Ahrbeck, B. & Willmann, M. (2010). Pädagogik bei Verhaltensstörungen. Stuttgart: Kohlhammer Verlag.

Amelang, M. & Schmidt-Atzert, L. (2006). Psychologische Diagnostik und Intervention. Berlin - Heidelberg: Springer Medizin Verlag.

Anderson, J.R. (2013). Kognitive Psychologie. Berlin - Heidelberg: Springer Verlag.

Audiva (2006). Bedienungsanleitung mit Normtabellen – Aufmerksamkeitstester ADT 3000. Kandern: Audiva GmbH.

Beetz, A. (2010). Psychologische Grundlagen der Mensch-Tier-Beziehung. URL: http://www.sopaed.unirostock.de/fileadmin/Isoheilp/Personal/Beetz/Tiergestuetzt.Rostock.Seminar.Manuskript.Beetz.pdf

Beetz, A. (2012a). Stressreduktion durch Hund und ihre Bedeutung für Tiergestützte Interventionen. URL: http://www.tu-dresden.de/die_tu_dresden/fakultaeten/erzw/erzwiss/be/mtb/vortag_andrea_beetz_2012

Beetz, A. (2012b). Hunde im Schulalltag – Grundlagen und Praxis. München: Reinhardt Verlag.

Beetz, A. & Saumweber, K. (2013). Argumente für die Integration von Hunden in sonderpädagogischen Förderprogramme am Beispiel eines hundegestützten Konzentrationstrainings. Zeitschrift für Heilpädagogik, 64 (2), 56-62.

Bergler, R. & Hoff, T. (2006). Schulleistungen und Heimtiere – Ergebnisse einer repräsentativen Studie. URL: http://www.mensch-heimtier.de/start/studien-vortraege.html

Borg-Laufs, M. (2001). Lehrbuch der Verhaltenstherapie mit Kindern und Jugendlichen. Tübingen: DGVT Verlag.

Bortz, J. & Döring, N. (2006). Forschungsmethoden und Evaluation. Heidelberg: Springer Verlag

Bradshaw, J. (2012). Hunde Verstand. Nerdlen/Daun: Kynos Verlag.

Breitenbach, E. (2014). Psychologie in der Heil- und Sonderpädagogik. Stuttgart: Kohlhammer Verlag.

Brunsting, M. (2009). Lernschwierigkeiten – Wie exekutive Funktionen helfen können. Bern: Haupt.

Bundesärztekammer (2006). Stellungnahme zu „Aufmerksamkeitsdefizit- / und Hyperaktivitätsstörung (ADHS)“ URL: www.bundesaerztekammer.de/page.asp?his=0.7.47.3161.3163.3164

Caspary, R. (2008). Lernen und Gehirn. Basel / Freiburg / Berlin: Herder Verlag.

Dawnn, L. et al. in Martin, M. (2011). Aufgespießt: Zuhörer auf vier Pfoten. URL: http://www.wissenschaft.de/wissenschaft/hintergrund/314041.html?Page=1

De Fockert, J. W., Rees, G., Frith, C. D. & Lavie, N. (2001).The role of working memory in visual selective attention. Science, 291(5509), 1803-1806.

D`Esposito, M.; Aguirre, G.K.; Zarahn, E.; Ballard, D.; Shin, R.K.; Lease, J. (1998). Functional MRI studies of spatial and nonspatial working memory. Cognitve Brain Research, 41: 66-86.

Desman, C.; Schneider, A.; Ziegler-Kirbach, E.; Petermann, F.; Mohr, B.; Hampel, P. (2006). Verhaltenshemmung und Emotionsregulation in einer Go-/Nogo-Aufgabe bei Jungen mit ADHS. Praxis der Kinderpsychologie und Kinderpsychatrie, 55 (5), 350-362.

Döpfner, M.; Banaschewski, T.; Sonuga-Barke, E. (2008). Verhaltens- und emotionale Störungen – Aufmerksamkeits-/ Hyperaktivitätsstörungen (ADHS). In F. Petermann (Hrsg.), Lehrbuch der klinischen Kinderpsychologie (S.257-276). Göttingen: Hofgrefe-Verlag.

Döpfner, M.; Frölich, J.; Lehmkuhl, G. (2000). Hyperkinetische Störungen. Göttingen: Hogrefe.

Döpfner, M. & Lehmkuhl G. (2008). Aufmerksamkeitsdefizit /Hyperaktivitätsstörungen(ADHS), Göttingen: Hogrefe Verlag

Döpfner, M.; Lehmkuhl, G.; Steinhausen, H.C. (2006). KIDS 1 – Aufmerksamkeitsdefizit-und Hyperaktivitätsstörung (ADHS). Göttingen: Hogrefe Verlag.

Döpfner, M.; Schürmann, St.; Frölich, J. (2007). Therapieprogramm für Kinder mit hyperkinetischen und oppositionellem Problemverhalten THOP. Weinheim: Beltz Verlag.

Döpfner, M.; Schürmann, St.; Lehmkuhl G. (1999). Wackelpeter und Trotzkopf. Weinheim: Beltz Verlag.

Drechsler, R. & Steinhausen H.C. (2013). Verhaltensinventar zur Beurteilung exekutiver Funktionen. Bern: Huber Verlag.

Ellinger, S. & Fingerle, M. (2008). Sonderpädagogische Förderprogramme im Vergleich. Stuttgart: Kohlhammer Verlag

Endenburg, N. (2003). Tiere in der Entwicklungs- und Psychotherapie - Der Einfluss von Tieren auf die Frühentwicklung von Kindern als Voraussetzung für tiergestützte Psychotherapie. In E. Olbrich & C. Otterstedt (Hrsg.), Menschen brauchen Tiere – Grundlagen und Praxis der Tiergestützten Pädagogik und Therapie (S.121-129). Stuttgart: KosmosVerlag.

Ettrich, C. & Prothmann A. (2003). Ein Projekt zur Untersuchung interspezifischer Kind-Hund-Interaktion. Zugriff am 03.02.2015, von http://www.tiere-als-therapie.de/Anke_Prothmann.pdf

Faßnacht, G. (1995). Systematische Verhaltensbeobachtung. München: Reinhardt Verlag.

Fischer, K. (2001). Einführung in die Psychomotorik. München: UTB Reinhardt Verlag.

Flick, U.; von Kardorff, E.; Keupp, H.; von Rosenstiel, L.; Wolff, S. (1995). Handbuch Qualitative Sozialforschung. Weinheim: Beltz Verlag.

Flick, U. (2011). Triangulation. Wiesbaden: VS Verlag.

Forschungskreis Heimtiere in der Gesellschaft (2011). Hund nimmt Schülern Angst vorm Vorlesen. URL: http://www.mensch-heimtier.de/publikation-menschtier/ausgabe-03-2011/artikel/hund-nimmt-schuelern-angst-vorm-vorlesen.html?tx_ttnews%5BbackPid%5D=355&cHash =eeb27beafa74cb6b8faeccaa81f89cf1

Frick-Tanner, E. & Tanner-Frick R. (2003). Tiere in der Entwicklung und Psychotherapie - Tiergestützte kinder- und jugendtherapeutische Praxis. In E. Olbrich & C. Otterstedt (Hrsg.), Menschen brauchen Tiere – Grundlagen und Praxis der Tiergestützten Pädagogik und Therapie (S.130-138). Stuttgart: Kosmos Verlag.

Fröhlich, W. (1997). Wörterbuch der Psychologie. München: Deutscher Taschenbuch Verlag.

Fröhlich-Gildhoff, K. (2013). Verhaltensauffälligkeiten bei Kindern und Jugendlichen. (2. Aufl.). Stuttgart: Kohlhammer Verlag.

Gawrilow, C.; Oberbremer, L.; Hasselhorn, M. (2012). Arbeitsgedächtnis-besonderheiten von Kindern mit Aufmerksamkeitsdefizit-/ Hyperaktivitäts-störung. In M. Hasselhorn & C. Zoelch (Hrsg.), Funktions-diagnostik des Arbeitsgedächtnisses. Test und Trends – Jahrbuch der pädagogisch-psychologischen Diagnostik, N.F. Band 10 (S. 113-133). Göttingen: Hogrefe.

Gawrilow, C.; Schmitt, K.; Rauch, W. (2011). Kognitive Kontrolle und Selbstregulation bei Kindern mit ADHS. Kindheit und Entwicklung, 20 (1), 41 - 48. Göttingen: Hogrefe Verlag.

Greiffenhagen, S. & Buck-Werner, O. (2011). Tiere als Therapie. Nerdlen: Kynos Verlag.

Gwiggner, N. (2004). Die exekutiven Funktionen im Jugendalter. URL: http://www.edoc.ub.uni-muenchen.de/2958/1/Gwiggner_Nadja.pdf

Hasselhorn, M. & Grube, D. (2006). Gedächtnisentwicklung. In W. Schneider & B. Sodian (Hrsg.), Enzyklopädie der Psychologie. Serie „Entwicklungspsychologie“, Band 2: Kognitive Entwicklung (S.271-325). Göttingen: Hogrefe.

Helmstaedter C., Lendt M., Lux S. (2001). VLMT - Verbaler Lern- und Merkfähigkeitstest. Weinheim: Beltz Verlag.

Herpertz, S. & Philipsen A. (2010). Editorial über das Krankheitsbild der Aufmerksamkeits-/Hyperaktivitätsstörung (ADHS). URL: http://www.ptt_2010-14-1_12811.pdf

Hillenbrand, C. (2002). Einführung in die Verhaltensgestörtenpädagogik. München: Reinhardt Verlag.

Hobi, V. (2004). Basler Befindlichkeits-Skala (BBS). URL: http://www.assessmentinfo.de/assessment/seiten/datenbank/vollanzeige/vollanzeige-de.asp?vid=61

Hofmann, J. & Engelkamp, J. (2013). Lern- und Gedächtnispsychologie. Berlin – Heidelberg: Springer Verlag.

Jacobs, C. & Petermann, F. (2013). Training für Kinder mit Aufmerksamkeitsstörungen – Das neuropsychologische Gruppenprogramm ATTENTIONER. Göttingen: Hogrefe Verlag.

Jain, A. & Spieß, R. (2012). Versuchspläne der experimentellen Einzelfallforschung. Empirische Sonderpädagogik, 2012, Nr. 3/4, H. 211-245.

Janczyk, M.; Schöler, H. & Grabowski, J. (2004). Arbeitsgedächtnis und Aufmerksamkeit bei Vorschulkindern mit gestörter und unauffälliger Sprachentwicklung. Zeitschrift für Entwicklungspsychologie und Pädagogische Psychologie, 36 (4), 200-206.

Jarrold, C. & Towse, J.N. (2006). Individual differences in working memory. Neuroscience. 2006 Jan 1; 139 (1): 39-50.

Julius, H.; Schlosser, R.W.; Goetze, H. (2000). Kontrollierte Einzelfallstudien – Eine Alternative für die sonderpädagogische und klinische Forschung. Göttingen: Hogrefe Verlag.

Julius, H.; Beetz, A.; Kotrschal, K.; Turner, D.C.; Uvnäs-Moberg, K. et al., (2014). Bindung zu Tieren -Psychologische und neurobiologische Grundlagen tiergestützter Interventionen. Göttingen: Hogrefe Verlag.

Kabat vel Job, O. (2012). Das Aufmerksamkeitsdefizit- / Hyperaktivitätssyndrom - Modul 16. Chemnitz: unveröffentlichtes Skriptum des Studiengangs Integrative Lerntherapie.

Kane, M.J.; Brown, L.H.; McVay, J.C.; Silvia, P.J.; Myin-Germeyes, I. & Kwapil, T.R. (2007). For whom the mind wanders, an when: experience-sampling study of working memory and executive control in daily life. Psychological Science, 8 (7), 614-621.

Kane, M.J. & Engle, R.W. (2002). The role of prefrontal cortex in working memory capacity, executive attention and general fluid intelligence: An individual differences perspective. Psychonomic Bulletin & Review, 9, 637-671.

Kane, M.J. & Engle, R.W. (2003). Working-memory capacity and the control of attention: the constributions of goal neglect, response competition, and task set to Stroop interference. Journal of Expimental Psychology: General, 132(1), 47-70.

Kern, H. (1997). Einzelfallforschung. Weinheim: Beltz Verlag.

Kleindienst-Cachay, C. & Schulz, M. (2011). Noch mehr kleine Spiele zum Training der exekutiven Funktionen im Schulsport. URL: http://www.uni-bielefeld.de/sprot/events/pdf/Manuskript_workshop_2011_Christa_Kleindienst.pdf

Klingberg, J.; Fernell, E.; Olesen, P-J., Johnson, M.; Gustafsson, P.;Dahlstroem, K.; et al. (2005) Computerized training of working memory in children with ADHD – a randomized, controlled trial. Journal of Amercian Academy of Child and Adolescent Psychiatry,44, 177-185.

Kubesch, S. (2014). Exekutive Funktionen und Selbstregulation – Neurowissenschaftliche Grundlagen und Transfer in die pädagogische Praxis. Bern: Hans Huber Verlag.

Lamnek, S. (2010). Qualitative Sozialforschung. Weinheim: Beltz Verlag.

Lauth, G. & Schlottke, P. (2002). Training mit aufmerksamkeitsgestörten Kindern. Weinheim: Beltz Verlag.

Lefrancois, G. R. (2006). Psychologie des Lernens. (4. Aufl.). Heidelberg: Springer Verlag.

Lepach, A. & Petermann F. (2008). BASIC-MLT - Battery for Assessment in Children – Merk- und Lernfähigkeitstest. Bern: Hans Huber Verlag.

Lepach, A.; Heubrock, D.; Muth, D.; Petermann, F. (2010). Training für Kinder mit Gedächtnisstörungen. Göttingen: Hogrefe.

Lezak, M.D. (1983). Neuropsychological Assessment. New York: Oxford University Press.

Lohaus, A. & Vierhaus, M. (2013). Entwicklungspsychologie des Kindes- und Jugendalters. Heidelberg: Springer-Verlag.

Lubitz, I. (2010). Lernpsychologie: Lerntheorien und ihre praktische Bedeutung - Die sozial-kognitive Theorie Banduras. URL: https://www.tu-braunschweig.de/Medien-DB/paed-psych/sozial-kognitive-theorie-banduras-1.pdf

Lückert, H.R. & Lückert, I. (1994). Einführung in die kognitive Verhaltenstherapie. München - Basel: Reinhardt Verlag.

Mansfeld, K. (2003). Metaanalyse zur tiergestützten Therapie: Eine Literaturübersicht unter Berücksichtigung potentieller Wirkfaktoren sowie der therapeutischen Indikation. Wien: Universität, Fakultät für Human- und Sozialwissenschaften.

Mey, G. & Wenglorz, M. (2005). Einzelfallstudien in der entwicklungspsychologischen Forschung. In G. Mey (Hrsg.), Handbuch Qualitative Entwicklungspsychologie (S. 497-514).Köln: KSV.

Michalczyk, K.; Zoelch, C. ; Hasselhorn, M. (2012). Zur Invarianz der Struktur des Arbeitsgedächtnisses bei Kindern. In M. Hasselhorn & C. Zoelch (Hrsg.), Funktionsdiagnostik des Arbeitsgedächtnisses. Test und Trends – Jahrbuch der pädagogisch-psychologischen Diagnostik, N.F. Band 10 (S. 23-36). Göttingen:Hogrefe.

Minsel, B. & Roth W. (1978). Soziale Interaktion in Schulen. München: Urban & Schwarzenberg Verlag.

Müsseler, J. (2011). Allgemeiner Psychologie. Heidelberg: Springer-Verlag.

Nimer, J. & Lundahl B. (2007). Animal-Assisted Therapy: A Meta-Analysis. URL: http://www.psychologie-psychotherapie.ch/klinische_psychologie/tiergestuetze_psychotherapie/beurteilung_der_wirkung/metaanalyse_nimer_2007.php

Oerter, R. & Montada L. (2008). Entwicklungspsychologie. Weinheim: Beltz Verlag.

Olbrich, E. (2003). Grundlagen der Mensch-Tier-Beziehung – Kommunikation zwischen Tier. In E. Olbrich & C. Otterstedt (Hrsg.), Menschen brauchen Tiere – Grundlagen und Praxis der Tiergestützten Pädagogik und Therapie (S.68-75). Stuttgart: KosmosVerlag.

Otterstedt, C. (2001).Tiere als therapeutische Begleiter. Stuttgart: Kosmos Verlag.

Petermann, F. (1989). Einzelfallanalysen. München: Oldenbourg Verlag.

Petermann, F. (1996). Einzelfalldiagnostik in der klinischen Praxis. Weinheim: Psychologie Verlags Union.

Petermann, U. & Petermann F. (2007). HAWIK-IV. Bern: Huber Verlag.

Prothmann, A. (2005). Verhaltensmuster psychisch auffälliger Kinder und Jugendlicher in der Tiergestützten Therapie- Eine Interaktionsanalyse. Aachen: Shaker Verlag.

Prothmann, A. (2007). Warum Kinder Tiere brauchen – Tiergestützte Therapie mit Kindern und Jugendlichen. Leipzig: Foliensammlung der Universität Leipzig.

Prothmann, A. (2009). Einfluss Tiergestützter Therapie auf die Befindlichkeit von Kindern und Jugendlichen in stationärer Psychotherapie. URL: http://www.tiere-als-therapie.de/Poster_Prothmann1.pdf

Prothmann, A. (2012). Tiergestützte Kinderpsychotherapie. Frankfurt am Main: Peter Lang Verlag..

Resch, F.; Parzer, P.; Bruner, R. M.; Haffner, J.; Koch, E.; Oelkers, R.; Schuch, B.; Strehlow, U. (1999). Entwicklungspsychopathologie des Kindes- und Jugendalters. Weinheim: Beltz Psychologie Verlags Union.

Reveland, D. & Bastian, J. (2012). Tricky Teens – Ressourcenorientiertes Gruppen-training für Jugendliche mit ADHS. Dortmund: Borgmann Media.

Schermer, F.J. (2014). Lernen und Gedächtnis. Stuttgart: Kohlhammer.

Schlack, R.; Mauz, E.; Hebebrand, J.; Hölling, H. (2007). KiGGS - Studie zur Gesundheit von Kindern und Jugendlichen in Deutschland. Bundesgesundheits-blatt, 50: S. 827-835

Schnell R.; Hill P.; Esser E. (2008). Methoden der empirischen Sozialforschung. München: Oldenbourg Verlag.

Schöfl, M.; Beitel, C.; Kloo, D.; Kaufmann, L. (2014). Konstrukt und Kriteriumsvalidität einer deutschen Version des Behavior Rating Inventory of Executive Function (BRIEF) zur Identifikation von Kindern mit Aufmerksamkeitsdefizit-/ Hyperaktivitätsstörungen (ADHS). Göttingen: Hogrefe Verlag.

Schütz, A. (2011). Diagnostik und Therapieplanung - Modul 08/1. Chemnitz: unveröffentlichtes Skriptum des Studiengangs Integrative Lerntherapie.

Schwarzkopf, A. & Olbrich, E. (2003). Tiergestützte Pädagogik – Lernen mit Tieren. In E. Olbrich & C. Otterstedt (Hrsg.), Menschen brauchen Tiere – Grundlagen und Praxis der Tiergestützten Pädagogik und Therapie (S.253-266). Stuttgart: Kosmos Verlag.

Schwenk, C.; Schmitt, D.; Sievers, S.; Romanos, M.; Warnke, A.; Schneider W. (2011). Empathie bei Kindern und Jugendlichen mit ADHS und Störung des Sozialverhaltens. Zeitschrift für Kinder- und Jugendpsychiatrie und Psychotherapie, 39 (4), 265-276.

Seewald, J. (2003). Grundannahmen und Erfahrungswerte der Psychomotorik zu Lernen und Bewegung. Vortrag für das Symposium „Lernen und Bewegung" des Landesinstituts für Schule in Soest.

Seitz-Stein, K.; Schumann-Hengsteler, R.; Zoelch, C; Grube, D.; Mähler, C.; Hasselhorn, M. (2012). Diagnostik der Funktionstüchtigkeit des Arbeitsgedächtnisses bei Kindern zwischen 5 und 12 Jahren: Die Arbeitsgedächtnistestbatterie AGTB 5-12. In M. Hasselhorn & C.

Zoelch (Hrsg.), Funktionsdiagnostik des Arbeitsgedächtnisses. Test und Trends – Jahrbuch der pädagogisch-psychologischen Diagnostik, N.F. Band 10 (S. 1-23). Göttingen Hogrefe.

Siegler, R.; DeLoache, J.; Eisenberg, N. (2011). Entwicklungspsychologie im Kindes- und Jugendalter. Heidelberg: Spektrum Akademischer Verlag.

Smith, E.E. & Jonides J. (1999). Storage and executive processes in the frontal lobes. Science. 1999 Mar 12. 283: 1657-61.

Sonuga-Barke, E.J.S. (2002). Psychological heterogeneity in AD/HD-a dual pathway model of behaviour and cognition. Behavioural brain research 130 (1), 29-36.

Sozialverband VdK Deutschland. (o.J.). Reaktive und aktive Therapiehunde. URL: http://www.vdk.de/cgibin/cms.cgi?ID=rp15048&SID=nJttX5knfdtMx5hj wFYeQvigZhQ0Ga

Spitzer, M. & Kubesch S. (2010). Exekutive Funktionen – Basis für erfolgreiches Lernen. URL: http://www.wehrfritz.de/pdf/Wehfritz_Fex_Broschuere_ 2011.pdf

Steinhausen, H. (2000). Hyperkinetische Störungen bei Kindern, Jugendlichen und Erwachsenen. Stuttgart: Kohlhammer.

Störr, M. (2011). Hunde helfen heilen. Nerdlen/Daun: Kynos Verlag.

Testzentrale des Hogrefe Verlags. URL: http://www.Hogrefe.de.

Theby, V. & Hares, M. (2011). Agility – Vom ersten Hindernis bis zum Parcours. Stuttgart: Kosmos Verlag.

Trumler, E. (1996). Mit dem Hund auf du – Zum Verständnis seines Wesens und Verhaltens. Augsburg: Weltbild Verlag.

Tucha O. & Lange K. (2004). Turm von London. Göttingen: Hogrefe. Universität Hildesheim. URL: https://www.uni-Hildesheim/wiki/qm/befragungs-software/daten-destille/signifikanzniveau.de.

Vernooij, A. & Schneider, S. (2010). Handbuch der Tiergestützten Intervention. Wiebelsheim: Quelle & Meyer Verlag.

Viterinärmedizinische Universität Wien (2012). Generalversammlung ESSAT. URL: http://www.essat.org/fileadmin/medien/downloads/Die_Definition_TgT-20.2.2012.pdf

Wagner, I. (1991). Entwicklungspsychologische Grundlagen. In Barchmann, H., et al. (1991) Aufmerksamkeit und Konzentration im Kindesalter. Berlin: Verlag Gesundheit.

Walk, L. & Evers, W. (2013). Fex - Förderung exekutiver Funktionen. Saale: Wehrfritz Verlag.

Wittchen, H.-U. (1998). Handbuch Psychische Störungen. Weinheim: Beltz Verlag.

Wohlfarth, R.; Mutschler, B.; Bitzer, E. (2013). Wirkmechanismen tiergestützte Therapie. Freiburg: Institut für tiergestützte Therapie.

Wohnhas-Baggerd, U. (2008). ADHS und Psychomotorik – Systemische Entwicklungsbegleitung als therapeutische Intervention. Schorndorf: Hofmann-Verlag.

Zähner, M. (2003). Tiere im therapeutischen und pädagogischen Feld – Kann man den Therapiebegleithund züchten. In E. Olbrich & C. Otterstedt (Hrsg.), Menschen brauchen Tiere – Grundlagen und Praxis der Tiergestützten Pädagogik und Therapie (S. 367-377). Stuttgart: Kosmos Verlag.

Abbildungsverzeichnis

Tabellenverzeichnis

Anhang

Anhang A: X^2-Verteilungen

Anhang B: Signifikanzniveau

Anhang C: Reliabilität nach PND-Werten

Anhang D: Ergebnisdarstellung Proband A

Anhang E: Ergebnisdarstellung Proband B

Anhang F: Ergebnisdarstellung Proband C

Anhang A

Fläche df	0,750	0,900	0,950	0,975	0,990	0,995	0,999
1	1,32330	2,70554	3,84146	5,02389	6,63490	7,87944	10,828
2	2,77259	4,60517	5,99147	7,37776	9,21034	10,5966	13,816
3	4,10835	6,25139	7,81473	9,34840	11,3449	12,8381	16,266
4	5,38527	7,77944	9,48773	11,1433	13,2767	14,8602	18,467
5	6,62568	9,23635	11,0705	12,8325	15,0863	16,7496	20,515
6	7,84080	10,6446	12,5916	14,4494	16,8119	18,5476	22,458
7	9,03715	12,0170	14,0671	16,0128	18,4753	20,2777	24,322
8	10,2188	13,3616	15,5073	17,5346	20,0902	21,9550	26,125
9	11,3887	14,6837	16,9190	19,0228	21,6660	23,5893	27,877
10	12,5489	15,9871	18,3070	20,4831	23,2093	25,1882	29,588
11	13,7007	17,2750	19,6751	21,9200	24,7250	26,7569	31,264

Bortz & Döring, 2006, S. 800

Anhang B

Irrtumswahrscheinlichkeit	Signifikanzniveau
größer als 5%	nicht signifikant
höchstens 5%	signifikant
höchstens 1%	hoch signifikant
höchtens 0,1%	höchst signifikant

(www.uni-Hildesheim/wiki/qm/befragungssoftwre/daten-destille/signifikanzniveau.de)

Anhang C

PND-Wert	Reliabilität der Intervention
$\geq$ 90 %	sehr hoch
70-90 %	hoch
50-70 %	mittel-gering
$\leq$ 50 %	keine

vgl. Kern, 1997

Anhang D

Kriterium / Mess-instrument	Messwerte Prätest	1.Retest	Statistische Signifikanz	Pädagogische Signifikanz und/oder normative Validität
BRIEF (Eltern) Skala „Hemmen“	79	69	Ja, da x^2-Wert ≥ 10,828 x^2 = 85,03	Nein, da der T-Wert nach der Intervention noch im klinisch-relevanten Bereich liegt (69≥65)
BRIEF (Lehrer) Skala „Hemmen“	82	52	Ja, da x^2-Wert ≥ 10,828 x^2 = 130,87	Ja, da der T-Wert nach der Intervention weit außerhalb des klinisch-relevanten Bereichs liegt (52≤65)
Verhaltens-tagebuch (Eltern)			Ja, da der PND-Wert zwischen 50-70% liegt. PND = 57,14 % Ja, da p(k)-Wert ≤ 0,05 p(k) = 0,026	Nein, da der PND-Wert ≤ 85% PND = 57,14% Ja, da der Mittelwert der B-Phase ≤ Mittelwert der A-Phase - doppelte Standardabweichung der A-Phase 9,65 ≤ 10,92
Videoaufzeichnungen im Training	MW = 4,33	MW = 2,33	Abnahme des Problemverhaltens (Mittelwertvergleich zwischen der 1. und 2. Interventionshälften) um -46,19%	Keine Überprüfungs-möglichkeit gegeben.
TL-D	Da die durchschnittliche Planungszeit bei der Lösung der Probleme nicht zunimmt, liefert das Testinstrument keine verwertbaren Ergebnisse.			

Ergebnisdarstellung - Impulskontrolle (Proband A)

Kriterium / Mess-instrument	Messwerte Prätest	1. Retest	Statistische Signifikanz	Pädagogische Signifikanz und/oder normative Validität
BRIEF (Eltern) Skala „Arbeits-gedächtnis"	63	55	Nein, da x^2-Wert ≥ 10,828 $x^2 = 7{,}60$	Nein, da der T-Wert vor der Intervention schon außerhalb des klinisch-relevanten Bereichs liegt (55≤65)
BRIEF (Lehrer) Skala „Arbeits-gedächtnis"	56	45	Ja, da x^2-Wert ≥ 10,828 $x^2 = 32{,}58$	Ja, da der Messwert nach der Intervention weiter außerhalb des klinisch-relevanten Bereichs liegt (45≤65)
Basic-MLT Skala: Visuelles Merken	4 29	7 33	Ja, da x^2-Wert ≥ 5,99147 $x^2 = 9{,}629178$	Keine Überprüfungs-möglichkeit gegeben.
Skala: Akustisches Merken	7 3	9 7	$x^2 = 9{,}13237$	
VLMT	30	48	Ja, da x^2-Wert ≥3,84146 $x^2 = 12{,}90832$	Ja, Rohwertpunkte befinden sich außerhalb des auffälligen Bereichs - signifikante Verbesserung der Gedächtnis- und Lernleistung (Diff. ≥ 9)
Erreichte Punktzahl im Training	115 von 144 Rohpunkten		Richtigkeitsquote = 79,86%	Keine Überprüfungs-möglichkeit gegeben.
Verhaltens-tagebuch (Eltern)			Ja, da der PND-Wert ≥50% PND = 89,29% Ja, da p(k)-Wert ≤ 0,05 p(k) = 0,00001	Ja, da der PND-Wert ≥ 85% PND = 89,29% und Mittelwert der B-Phase ≤ Mittelwert der A-Phase - doppelte Standardabweichung der A-Phase 6,06 ≥ 3,68

Ergebnisdarstellung – Arbeitsgedächtnis/Merkfähigkeit (Proband A)

Kriterium / Mess-instrument	Messwerte Prätest	1. Retest	Statistische Signifikanz	Pädagogische Signifikanz und/oder normative Validität
BRIEF (Eltern) Skala „Umstellen“	79	54	Ja, da x^2-Wert ≥ 10,828 x^2 = 13,61	Ja, da der T-Wert nach der Intervention weit außerhalb des klinisch-relevanten Bereichs liegt (54≤65)
BRIEF (Lehrer) Skala „Umstellen“	80	64	Ja, da x^2-Wert ≥ 10,828 x^2 = 258,62	Ja, da der T-Wert nach der Intervention weit außerhalb des klinisch-relevanten Bereichs liegt (64≤65)
ADT 3000 Akustische Aufmerksamkeit Akustische & visuelle Aufmerksamkeit	80% 72%	100% 96%	x^2-Wert nicht ermittelbar, da im Testmanual kein Retest-Reliabilitäten aufgeführt werden.	Nicht ermittelbar
Videoaufzeichnungen im Training	MW = 3,33	MW = 2,17	Abnahme des Problemverhaltens (Mittelwertvergleich zwischen der 1. und 2. Interventionshälften) um -34,84%	Keine Überprüfungs-möglichkeit gegeben.
Verhaltenstagebuch (Eltern)			Nein, da der PND-Wert nicht zwischen 50-70% liegt. PND = 32,14% Ja, da p(k)-Wert ≤ 0,05 p(k) = 0,02587	Nein, da der PND-Wert ≤ 85% PND = 64,28% Nein, da der Mittelwert der B-Phase ≤ Mittelwert der A-Phase - doppelte Standardabweichung der A-Phase 3,04 ≤ 5,88

Ergebnisdarstellung – Aufmerksamkeit (Proband A)

Anhang E

Kriterium / Mess -instrument	Messwerte Prätest	1.Retest	Statistische Signifikanz	Pädagogische Signifikanz und/oder normative Validität
BRIEF (Eltern) Mutter Skala „Hemmen"	77	62	Ja, da x^2-Wert ≥ 10,828 x^2 = 30,61	Ja, da der T-Wert Skala „Hemmen" nach der Intervention außerhalb des klinisch-relevanten Bereichs liegt (62≤65)
BRIEF (Eltern) Vater Skala „Hemmen"	74	62	Ja, da x^2-Wert ≥ 10,828 x^2 = 25,44	Ja, da der T-Wert Skala „Hemmen" nach der Intervention außerhalb des klinisch-relevanten Bereichs liegt (62≤65)
BRIEF (Lehrer) Skala „Hemmen"	82	55	Ja, da x^2-Wert ≥ 10,828 x^2 = 130,87	Ja, da der T-Wert Skala „Hemmen" nach der Intervention außerhalb des klinisch-relevanten Bereichs liegt (55≤65)
TL-D „Impulskontrolle" Durchschnittliche Planungszeit Anzahl eingelegter Pausen während der Bearbeitungszeit	5,27 Sek. 11	7,92 Sek. 3	Die durchschnittliche Planungszeit aller Problemkomplexe nimmt um 50% zu. Die Anzahl der Pausen nimmt um 72,73% ab.	Keine Überprüfungs-möglichkeit gegeben.
Videoaufzeichnungen im Training	MW = 7,17	MW = 4,83	Abnahme des Problemverhaltens (Mittelwertvergleich zwischen der 1. und 2. Interventionshälften) um -32,64%	Keine Überprüfungs-möglichkeit gegeben.
Verhaltens-tagebuch (Eltern)			Ja, da der PND-Wert ≥50% PND = 80,95% Ja, da p(k)-Wert ≤ 0,05 p(k) = 0,025875	Nein, da der PND-Wert ≤85% PND = 80,95% Nein, da Mittelwert der A-Phase - 2xSD ≤ Mittelwert der B-Phase 5,14 ≤ 9,75
Verhaltens-tagebuch (Lehrerin)			Ja, da der PND-Wert ≥50% PND = 82,61% Nein, da p(k)-Wert ≤ 0,05 p(k) = 0,12085	Nein, da der PND-Wert ≤85% PND = 82,61% Ja, da Mittelwert der A-Phase - 2xSD ≥ Mittelwert der B-Phase 1,5 = 1,5

Ergebnisdarstellung - Impulskontrolle (Proband B)

Kriterium / Mess-instrument	Messwerte Prätest	1.Retest	Statistische Signifikanz	Pädagogische Signifikanz und/oder normative Validität
BRIEF (Eltern) Mutter Skala „Arbeits-gedächtnis"	72	56	Ja, da x^2-Wert ≥ 10,828 x^2 = 41,38	Ja, da der T-Wert nach der Intervention außerhalb des klinisch-relevanten Bereichs liegt (56≤65)
BRIEF (Eltern) Vater Skala „Arbeits-gedächtnis"	74	56	Ja, da x^2-Wert ≥ 10,828 x^2 = 54,05	Ja, da der T-Wert nach der Intervention außerhalb des klinisch-relevanten Bereichs liegt (56≤65)
BRIEF (Lehrer) Skala „Arbeits-gedächtnis"	56	46	Ja, da x^2-Wert ≥ 10,828 x^2 = 105,56	Ja, da der T-Wert nach der Intervention außerhalb des klinisch-relevanten Bereichs liegt (46≤65)
Basic-MLT Skala: Visuelles Merken Skala: Akustisches Merken	6 12 8 4	10 18 8 7	Ja, da x^2-Wert ≥ 5,99147 x^2=21,202183 Nein, da x^2-Wert ≤ 5,99147 x^2= 3,829241	Keine Überprüfungs-möglichkeit gegeben.
Erreichte Punktzahl im Training			92 von 144 Rohpunkten Richtigkeitsquote = 63,89%	Keine Überprüfungs-möglichkeit gegeben.
VLMT	37	48	Ja, da x^2-Wert ≥ 3,84146 x^2 = 4,82070	Ja, Rohwertpunkte befinden sich außerhalb des auffälligen Bereichs - signifikante Verbesserung der Gedächtnis- und Lernleistung (Diff. ≥ 9)
Verhaltens-tagebuch (Eltern)			Ja, da der PND-Wert ≥50% PND = 57,14% Ja, da p(k)-Wert ≤ 0,05 p(k) = 0,0000634	Nein, da der PND-Wert ≤ 85% PND = 57,14% Nein, da Mittelwert der A-Phase - 2xSD ≤ Mittelwert der B-Phase 5,32 ≤ 6,5

Ergebnisdarstellung – Arbeitsgedächtnis/Merkfähigkeit (Proband B)

Kriterium / Mess -instrument	Messwerte Prätest	1.Retest	Statistische Signifikanz	Pädagogische Signifikanz und/oder normative Validität
BRIEF (Eltern) Mutter Skala „Umstellen“	69	47	Ja, da x^2-Wert ≥ 10,828 x^2 = 35,61	Ja, da der T-Wert der Skala „Umstellen“ im normalen Bereich (47≤50) liegt
BRIEF (Eltern) Vater Skala „Umstellen“	63	44	Ja, da x^2-Wert ≥ 10,828 x^2 = 25,16	Ja, da der T-Wert der Skala „Umstellen“ im normalen Bereich (44≤50) liegt
BRIEF (Lehrer) Skala „Umstellen“	80	49	Ja, da x^2-Wert ≥ 10,828 x^2 = 213,74	Ja, da der T-Wert der Skala „Umstellen“ im normalen Bereich (49≤50) liegt
ADT 3000 Akustische Aufmerksamkeit Akustische & visuelle Aufmerksamkeit	88% 78%	96% 96%	x^2-Wert nicht ermittelbar, da im Testmanual keine Retest-reliabilitäten aufgeführt werden.	Keine Überprüfungs-möglichkeit gegeben.
Videoaufzeichnungen im Training	MW = 6,00	MW = 2,83	Abnahme des Problemverhaltens (Mittelwertvergleich zwischen der 1. und 2. Interventionshälften) um -52,83%	Keine Überprüfungs-möglichkeit gegeben.
Verhaltens-tagebuch (Eltern)			Nein, da der PND-Wert ≤50% PND = 41,27% Nein, da p(k)-Wert ≥ 0,05 p(k) = 0,0970315	Nein, da der PND-Wert ≤ 85% PND = 41,27% Nein, da Mittelwert der A-Phase - 2xSD ≤ Mittelwert der B-Phase 3,62 ≤ 9,05
Verhaltens-tagebuch (Lehrerin)			Keine Aufzeichnungen	

Ergebnisdarstellung – Aufmerksamkeit (Proband B)

Anhang F

Kriterium / Mess-instrument	Messwerte Prätest	1.Retest	Statistische Signifikanz	Pädagogische Signifikanz und/oder normative Validität
BRIEF (Eltern) Mutter Skala „Hemmen"	71	71	Nein, da x^2-Wert ≤ 10,828 $x^2 = 0{,}00$	Nein, da der T-Wert Skala „Hemmen" nach der Intervention weiterhin im klinisch-relevanten Bereich liegt (71≥65)
BRIEF (Eltern) Vater Skala „Hemmen"	79	79	Ja, da x^2-Wert ≤ 10,828 $x^2 = 0{,}00$	Nein, da der T-Wert Skala „Hemmen" nach der Intervention weiterhin im klinisch-relevanten Bereich liegt (79≥65)
BRIEF (Lehrer) Skala „Hemmen"	71	77	Nein, da x^2-Wert ≤ 10,828 $x^2 = 0{,}00$	Nein, da der T-Wert Skala „Hemmen" nach der Intervention weiterhin im klinisch-relevanten Bereich liegt (77≥65)
TL-D „Impuls-kontrolle" Durchschnittliche Planungszeit Anzahl eingelegter Pausen während der Bearbeitungszeit	2,49 Sek. 8	4,01 Sek. 1	Ja, da die durchschnittliche Planungszeit aller Problemkomplexe um 50% zunimmt. Die Anzahl der Pausen nimmt um 87,50% ab.	Keine Überprüfungs-möglichkeit gegeben.
Videoaufzeichnungen im Training	MW = 3,67	MW = 1,16	Abnahme des Problemverhaltens (Mittelwertvergleich zwischen der 1. und 2. Interventionshälften) um -68,39%	Keine Überprüfungs-möglichkeit gegeben.
Verhaltens-tagebuch (Mutter)			Ja, da der PND-Wert ≥50% PND = 80,95% Ja, da p(k)-Wert ≤ 0,05 p(k) = 0,0000004768	Nein, da der PND-Wert ≤85% PND = 80,95% Ja, da Mittelwert der A-Phase - 2xSD ≥ Mittelwert der B-Phase 2,00 ≥ 1,80
Verhaltens-tagebuch (Lehrerin)			Keine Aufzeichnungen	

Ergebnisdarstellung – Impulskontrolle (Proband C)

Kriterium / Mess-instrument	Messwerte Prätest	1.Retest	Statistische Signifikanz	Pädagogische Signifikanz und/oder normative Validität
BRIEF (Eltern) Mutter Skala „Arbeits-gedächtnis“	65	43	Ja, da x^2-Wert ≥ 10,828 x^2 = 84,45	Ja, da der T-Wert nach der Intervention außerhalb des klinisch-relevanten Bereichs liegt (43≤65)
BRIEF (Eltern) Vater Skala „Arbeits-gedächtnis“	79	67	Ja, da x^2-Wert ≥ 10,828 x^2 = 21,11	Nein, da der T-Wert nach der Intervention weiterhin im klinisch-relevanten Bereich liegt (67≥65)
BRIEF (Lehrer) Skala „Arbeits-gedächtnis“	82	85	Nein, da x^2-Wert ≤ 10,828 x^2 = 0,00	Nein, da der T-Wert nach der Intervention weiterhin im klinisch-relevanten Bereich liegt (85≥65)
Basic-MLT Skala: Visuelles Merken	7 21	11 19	Nein, da x^2-Wert ≤ 5,99147 x^2 = 4,355962	Keine Überprüfungs-möglichkeit gegeben.
Skala: Akustisches Merken	4 5	5 8	Nein, da x^2-Wert ≤ 5,99147 x^2 = 1,006679	
VLMT	29	29	Nein, da x^2-Wert ≤ 3,84146 x^2 = 0,00	Nein, Rohwertpunkte befinden sich innerhalb des auffälligen Bereichs – keine signifikante Verbesserung der Gedächtnis- und Lernleistung (Diff. ≤ 9
Erreichte Punktzahl im Training			91 von 144 Rohpunkten Richtigkeitsquote = 63,19%	Keine Überprüfungs-möglichkeit gegeben.
Verhaltens-tagebuch			Keine Aufzeichnungen	

Ergebnisdarstellung – Arbeitsgedächtnis/Merkfähigkeit (Proband C)

Kriterium / Mess-instrumen	Messwerte Prätest	1.Retest	Statistische Signifikanz	Pädagogische Signifikanz und/oder normative Validität
BRIEF (Eltern) Mutter Skala „Umstellen"	77	66	Ja, da x^2-Wert ≥ 10,828 x^2 = 36,63	Nein, da der T-Wert nach der Intervention weiterhin im klinisch-relevanten Bereich liegt (66≥65)
BRIEF (Eltern) Vater Skala „Umstellen"	77	69	Ja, da x^2-Wert ≥ 10,828 x^2 = 18,17	Nein, da der T-Wert nach der Intervention weiterhin im klinisch-relevanten Bereich liegt (69≥65)
BRIEF (Lehrer) Skala „Umstellen"	77	71	Nein, da x^2-Wert ≤ 10,828 x^2 = 8,55	Nein, da der T-Wert nach der Intervention weiterhin im klinisch-relevanten Bereich liegt (71≥65)
ADT 3000 Akustische Aufmerksamkeit Akustische & visuelle Aufmerksamkeit	100% 52%	96% 88%	x^2-Wert nicht ermittelbar, da im Testmanual keine Retest-reliabilitäten aufgeführt sind.	Keine Überprüfungs-möglichkeit gegeben.
Videoaufzeichnungen im Training	MW = 2,83	MW = 1,00	Abnahme des Problemverhaltens (Mittelwertvergleich zwischen der 1. und 2. Interventionshälften) um -64,66%	Keine Überprüfungs-möglichkeit gegeben.
Verhaltens-tagebuch (Eltern)			Ja, da der PND-Wert über 90% liegt. PND = 100% Ja, da p(k)-Wert ≤ 0,05 p(k) = 0,0000004768	Ja, da der PND-Wert ≥ 85% PND = 100% Ja, da Mittelwert der A-Phase - 2xSD ≥ Mittelwert der B-Phase 3,30 ≥ 0,66
Verhaltens-tagebuch (Lehrerin)			Keine Aufzeichnungen	

Ergebnisdarstellung – Aufmerksamkeit (Proband C)

Zeitfracht Medien GmbH
Ferdinand-Jühlke-Straße 7
99095 Erfurt, Deutschland
produktsicherheit@kolibri360.de